Achievement Technology

目標達成
13の原則

［監修］
青木仁志
Satoshi Aoki

［編］
アチーブメント株式会社
Achievement Corporation

ACHIEVEMENT

目標達成　13の原則

Achievement Technology

はじめに

目標達成は技術である。
才能や生い立ちに関係なく、目標達成の原則を知り、技術を身につければ
誰もが求めるものを手にし、理想の人生を送ることができる。

このように聞くと、どう思われますか。

「その通りだ！」と思う方もいらっしゃれば
「そんなわけがない。運や才能がすべてを決める」
と思う方もいらっしゃるかもしれません。

私たちは、「達成は技術」であると断言します。
今、どのような状況におかれていたとしても、人は誰でも、いつからでも変わることができ、納得のいく人生を歩むことができるのです。

なぜ、そう言い切れるのか。

それは、私たちアチーブメント株式会社が創業以来36年間、49万人を超える方々に目標達成の原則をお伝えし、研修やプログラムを活用して目標達成をされた方々を数多くみてきたからです。

当社の基幹商品である戦略的目標達成プログラム『頂点への道』講座スタンダードコース(2020年で終了)、およびアチーブメントテクノロジーコースは、2021年12月をもって累計開催回数1000回を達成し、累計新規受講生は

２０２４年４月現在、５万９０００名以上に達しました。

ご受講生の中には、

●やりたいことが不明確で自信が無かったところから
理想の自分を見つけ、起業をされた方

●目標は達成するも、仕事ばかりの毎日だったところから
短時間で高い成果を出すことができ、家族との時間を取れるようになった方

●社員５名のときに受講をし、受講後10年以上、連続増収増益し
上場を果たすことができた方

など、人生を変革された方が、数多くいらっしゃいます。

２０２３年に行ったアンケート調査（＊1）では、講座受講後97・７％の方が「行動が変化した」と回答しています。

また、年収について初回受講時の金額を１００％としたとき、現状は何％ですかという質問に対して、平均１６０・４％。業績についても、初回受講時の金額を１００％としたとき、現状は何％ですかという質問に対して、平均１９０・５％という結果を得ました。

本書は、「一人でも多くの方に、目標達成の原則を知ってほしい」との思いから、当社が研修やプログラムをとおしてお伝えしてきたエッセンスを、再編いたしました。

特に、２０２０年に開発されたアチーブメントテクノロジー マスタープログラムで体系化した成功の13のステップを中心に、初めて知る方にとってもわかりやすく、すでに学んでいただいている方にとっても復習ができ、学びを深めることができるよう工夫を加えました。

最初の章「原則1」からお読みいただくことはもちろん、目次を見て今必要としている情報が得られるところから読んでいただいても構いません。各章の終わりには、学びを深めていただくための「問い」も記しています。

本文をお読みいただいたあとは、問いに向きあい、本書をとおして得られた学びを具体的な実践につなげてください。

また本書は、上場企業経営者、起業家、医師、スポーツ選手、アーティスト、ビジネスパーソンなどが所属する一般財団法人日本プロスピーカー協会の推薦副読本です。

全国で開催され毎年2万人以上が参加する学びの場、支部会では、本書で紹介をした目標達成の原則を、どのように実践し成果に変えていくのかを学ぶことができます。お近くの支部会にご参加いただくことで、学びを深めることが期待できるでしょう。詳しくはウェブサイト（＊2）をご覧ください。

本書をとおして、一人でも多くの方の目標達成のご支援ができますことを、心から願っております。

＊1「筑波大学アスレチックデパートメント パートナーシッププロジェクト『頂点への道』講座 効果検証２０２３」より
https://achievement.co.jp/project/tsukubaad-research/

＊2 一般財団法人日本プロスピーカー協会
https://www.jpsa.net/

監修者 まえがき

「よい情報との出会いは、人生を根本から変えることがある」

私は、貧しく複雑な家庭環境で育ちました。17歳で高校を中退し、溶接工見習いとして働きはじめたのが、社会人人生のスタートです。

しかし、情報との出会いによって、

●トップセールス、トップセールスマネジャーとして数々の賞を受賞
●能力開発トレーニング会社で3年で売上を7倍にし、役員に就任
●社員5名、資本金500万円で創業した会社が3000倍に成長

●大学で教鞭をとり、ベストセラーを含む著書を67冊出版

と、お陰様で数々の達成をつくることができました。

成功のせの字どころか、学歴、お金、人脈……何もなかった私が、人生を変えた情報とは何だったのでしょうか。

その一つは、間違いなく「よい書物との出会い」です。

これまでに数千冊の本を読み、書かれていることを実践してきました。特に23歳のときに出会い、ボロボロになるまで読み込んだ『成功哲学』は、私の人生に計り知れない影響を与えました。

もう一つは、「人との出会い」です。

恩師からの言葉の数々は、私の人生において、生涯の指針となりました。

成功は技術。
人は、いつからでも、どこからでもよくなれる。

この信念のもと、1987年にアチーブメント株式会社を創業し、49万人を超える方々の目標達成支援に携わってまいりました。
さらに一人でも多くの方に、物心両面の豊かな人生を手にしてほしいという思いで、この達成の技術を広めるため、1996年に設立したのが一般財団法人日本プロスピーカー協会です。

当財団には2024年4月現在、4600名を超える会員が所属しています。中でも業界トップクラスの成果を出し、各業界を牽引するプロスピーカーは600名を超えました。

人は、人によって磨かれます。

毎月、全国各地で開催され、相互研鑽の場となっている支部会は、彼らが中心となって行われ、本書にまとめた目標達成のエッセンスを共に学んでいただくことができます。

もし、達成の技術を手にするためのパスポートが一つだけあるとしたら、それは「もっとよくなりたい」という強い思いでしょう。

そしてこの強い思いこそ、何も無かった私が唯一もっていた、人生を切り拓いてきたものです。

本書をお手に取ってくださったということは、皆様はそのパスポートを既におもちです。

本書が、皆様の人生を変えるきっかけの一助となりますことを祈っています。

アチーブメント株式会社 代表取締役会長 兼 社長
一般財団法人日本プロスピーカー協会 代表理事
青木仁志

原則 1　求める

あなたの思考を具現化する旅が、ここから始まる

人類の歴史は発展・繁栄の歴史です。

人間が思考を巡らせ、アイデアを描き、紡ぎ出したものが現実の形となり、人々の生活の質を高めるさまざまな商品・サービスが生まれてきました。

テレビも、車や飛行機をはじめとするあらゆる乗り物も、誰かが最初にそれをイメージしたから、この世に存在しているのです。

ｉＰｈｏｎｅやＹｏｕＴｕｂｅ、ドローンのように、１００年前にはあり得なかった商品やサービスが、身の回りにはあふれています。

人間の思考が生み出すアイデアが、次々と具現化しているのです。

その意味で、私たちは多くの人々の思考の中に暮らしているといえます。

今、改めて周囲を見渡せば、自然界の出来事以外はすべて人間の思考がつくり出したものだということに気がつくはずです。

同様に、自分の人生も、自分自身の思考がつくり出すものなのです。

人生とは、「思考を具現化するための旅」ともいえます。
ここで、自分自身にこう問いかけてみて下さい。

今、私の人生は、私が思い描いた通りのものになっているだろうか？

私は、どんな人生を歩んでいきたいのだろうか？

そして、私はどんな人間になりたいと思っているのだろうか？

人は、自分が考えていた通りの人間になります。
考え方が変われば人生が変わります。無は有の原点であり、目に見えないこの人間の思考が、すべての源です。
だから成功が、それを強く求める人のもとに訪れることは、世の必然だといえます。
そこで原則１では、求める心、燃えるような強い願望をもつことの大切さを学んでいくことにします。

成功と失敗を分ける最大の要因

人は、求めているものを手に入れているという事実を、あなたは素直に受け入れることができるでしょうか。

「私は今、望みどおりの満足いく人生を生きている」という人もいれば、「私は今、望んでいない人生を生きている。自分の人生は、こうなるはずではなかった」と思っている人もいるかもしれません。

でも、「満足いく」人生も、「こうなるはずではなかった」人生も、自分が求めたものが、具現化しているのです。

畑に立派な作物が実るのも、そこで作物がしっかり育つ姿を思い描いた人が、計画を立て、土をつくり、種をまき、肥料をやり、なすべきことを行ってきたからです。

もしそうでなければ、その畑は雑草に覆われていたかもしれません。

何を求めているのかが明確であれば、豊かな収穫の時期を迎えることができるのです。

だから、本当に求めているものは何かを、常に自問自答してみることです。

本当に求めているものが「的《まと》」です。その的を目がけて、矢を射ればいいのです。

本当に求めているものを手に入れるために、時間やお金をはじめ、あらゆるリソースを活用するのです。

そして「思考は現実化する」という言葉を、心に強く刻み込んで下さい。

思考は、自分自身が生み出すイマジネーションであり、まだ実現していない「無」です。でも、本当に求めているものを強く心に念じ、求め続ければ、それは必ず成就します。

アメリカの自己啓発作家で、成功哲学の提唱者の一人として知られるナポレオン・ヒルは、不朽の名著といわれる『成功哲学』にこう記しています。


「成功は、成功を意識する人に訪れる。

失敗は、いつのまにか失敗を意識してしまっている人に訪れる」

（ナポレオン・ヒル著　宮本喜一訳　青木仁志解題『新・完訳　成功哲学』アチーブメント出版）


成功する人は、自分が成功する未来を頭の中に描き、強く求め続けています。

人間の思考の中に、未来があるのです。

「燃えるような強い願望」の持ち主だけが成功する

昔から、成功者と呼ばれる人たちは、例外なく「燃えるような強い願望」の持ち主でした。

心の中にメラメラと燃え上がり、「何が何でもこれを成し遂げたい」、「何が何でもこれを手に入れたい」という強い思いから生じる願望の持ち主が、その願望を成就させ、求めるものを手にしてきたのです。

アチーブメント株式会社の創業者である青木仁志は、３歳の頃に両親が離婚し、父の再婚相手である義母に育てられました。少年時代には、パンの耳を分けてもらって空腹をしのぎ、北海道の厳しい寒さの中、軍手をつけて新聞配達をするという経験もしました。

自身が貧しい家庭に育ったため、「富や豊かさを何が何でも手に入れたい」という強い願望をもつようになりました。

また、複雑な家庭環境の中で育ったことから、「不満足な人間関係によって引き起こされるさまざまな不幸をこの世からなくしたい」という、燃えるような思いを抱くようになりました。

世の中で起きている犯罪やトラブルの多くが、不満足な人間関係からくる不幸感に起因しています。この不幸感が問題行動の原因となり、その問題行動がさまざまな、悲しい現象を引き起こしているのです。

そこで、青木はアチーブメント株式会社を１９８７年に設立しました。

そして、アメリカの精神科医ウイリアム・グラッサー博士が提唱した選択理論をベースにした人材教育プログラムを開発し、１９９２年に『頂点への道』講座スタンダードコースを開講。以来、28年間にわたり７００回毎月連続開催を成し遂げ、３万６５７４名の受講者に、「人は、いつからでも、どこからでもよくなれる」というメッセージを伝え続けてきました。

求める心のないところに、現象は起こりません。

一人の人間の思考の力が、自分の周囲から社会へと貢献の輪を広げ、無から有を生み出していくのです。

一人でも多くの人々が、物心両面の豊かな人生を手に入れること。

能力開発スペシャリストとしての青木が、燃えるような強い願望を抱いたのは、まさにその一点においてです。

より多くの人々が、自らの思考を現実化する「達成の技術」を身につけ実践し、成功をつかむことこそ、青木にとっての成功です。

能力開発スペシャリストという仕事そのものが、青木にとっての自己実現の場なのです。

自己実現とは、自らの成長の中で成し遂げられるものです。

自分が成長していく中で生み出される成果や価値の総量が、将来どれだけの成功を遂げられるかを決定します。

そして、その成長が大きければ大きいほど、結果として得られる豊かさも大きくなります。つまり、成功は成長の結果、得られる果実なのです。

「心の蓋」を開けて「可能力」を引き出す

意識すべきは、

永続的な繁栄は、人々の喜びの中にある

ということです。どの分野のどの領域であっても人の役に立ち、縁ある人を物心両面の豊かな人生に導いていく。

そうすれば、自分の存在は周りの人たちにとって好ましいものとなり、周囲の人から本当に必要とされる存在になります。

そういう自分にまずなりたいと、燃えるような強い願望を抱くのです。

大切なのは、あなた自身の存在を決して小さく考えないことです。

人には、無限の可能性が広がっています。

だから、心の蓋を開け、自分自身に内在している可能力を引き出すのです。

「自分は取るに足らない存在だ」とか「自分には無理だ」というレッテルを貼ってはなりません。自分自身に内在している可能力や願望に目を向け、

「私はどんな人間になりたいのか」

について思いを巡らせることが、心の蓋を開けるということなのです。

心の蓋を開ければ、心に思い描いたことは必ず実現します。

あなたの未来を切り拓くのは、「何が何でも」という強い思いです。

「何が何でも私が手に入れたい人生とはどんなものか」という問いに対する答えは第三者から与えられるものではありません。自分の人生は、自分自身が舵を取り、切り拓いていくものです。

自らが思い描く願望を、自分自身で育てていくのです。

願望が成就する前に成功のイメージを描く

燃えるような強い願望を成就させたいと思ったら、必ずやらなければならないことがあります。

それは、願望が成就したときの姿を事前に頭の中にしっかりと描いておくことです。

成功のもとになるものがデザインです。だから、どの分野のどの領域であろうと、そこで卓越した人物になるには、まず、卓越した人物の研究をすることが大切です。

卓越した人物に共通しているものは何か。

どうすれば自分もそうなれるのか。

それらを、成功をつかむための情報として、自分の中に蓄積するのです。

もし、「起業家になりたい」という燃えるような願望を抱いているなら、まず起業家の研究をする。

優れた起業家の書いた本を数多く読み、彼らが会社をつくり、事業を軌道に乗せていったプロセスをよく研究し、経営に取り入れるのです。

たとえば、事業をどう着想し、どうやってパートナーを得て、収益の上がるビジネスモデルを築き上げたのか。どんな理念のもとに、どういう組織をつくり、人をどう育てたのか。そして、社会に役立つどんなことを実現することを、経営の目的にしているのか。

それらを学び取り、どうすれば自分にもできるのかを考え、実際の仕事の場面を頭の中でイメージし、実践し続けるのです。

学びの機会は、身の回りに数えきれないほどあります。優秀な先輩経営者のやり方も観察し、よいところをどんどん真似て、素直に教えを請うこともできるでしょう。

そうやって、成果に結びつくあらゆる情報を蓄積し、学んだことを毎日実践し、成果を一つひとつ積み上げていくのです。


成功哲学の名著として名高いナポレオン・ヒルの『成功哲学』など、数多くの書物に目を通し、起業家として成功する前に、成功のイメージを描くのもよいでしょう。

発明王トーマス・A・エジソンの共同事業者として知られるエドウィン・C・バーンズという起業家は、「エジソンと一緒に仕事がしたい」という燃えるような願望を抱きました。

そして彼はエジソンの研究所を訪れ、「発明王エジソンと一緒に起業するためにやってきた」と告げたのです。

バーンズは、エジソンのパートナーになる前から、エジソンと一緒に仕事をすることを明確にイメージしていました。

「バーンズは文字通り、偉大なエジソンのパートナーになる自分の姿を思い描いた。チャンスに恵まれる自分の姿を思い描いた。

仕事を始めたときの支えは、自分の願望が何かを自覚する才能と、その願望を実現するまであきらめない覚悟以外、何もなかった」

（前掲、『新・完訳　成功哲学』）

エジソンは後日、バーンズとの初めての出会いを振り返り、バーンズの表情に「光るもの」を見たと話しています。

「私が長年の人との付き合いから学んでいたのは、

心の底からあるひとつのことをなし遂げたいと願っている人が、唯一のチャンスに巡りあい、それに人生のすべてを賭けるとき、間違いなく勝者になるということだった。

私はバーンズにそのチャンスを与えることにした。

なぜなら、望みがかなうまで一歩も引かない覚悟でいることがわかったからだ。

その後のできごとが、その判断が全く間違っていなかったことを証明している」

（前掲、『新・完訳　成功哲学』）


このように、成功者になりたいと本当に願うなら、過去の成功者たちが共通してもっているマインドやスキル、ノウハウをいち早く学び取り、素直に受け入れ、実践をとおして自分のものにしていくことです。

「自分にとっての成功」のモデルを探す

青木が32歳で創業した当時、アチーブメントは社員数5名、資本金500万円でマンションの一室にオフィスを構えていました。そこから、人材教育コンサルティング会社として成長発展を遂げていく中で、青木は、成功する前に成功者になるためのイメージを明確にしていきました。

成功する前に、すでに成功を手にしているかのように未来を描くには、理想とする人生を送っている、モデルとなる人物を探すのが早道です。

会社の場合も同様に、理想とするビジネスを行っている企業、あるいは理想とする組織を築き上げている、モデルとなる組織を探すのです。

そして優れた施策や取り組みを取り入れ実践しながら、成功のイメージを具体的に描くことです。

青木は、同業他社もモデルとして参考にしたほか、千利休《せんのりきゅう》を始祖とする茶道家元の裏千家などについても研究を行いました。

たとえば裏千家からは、千利休が確立した「侘《わ》び」の思想を継承し、約500年永続し発展してきた組織経営のあり方を学び、「500年続く理念経営を実践していこう」という志を抱いたのです。

「今さえよければ」という考え方では、組織を500年も永続させることはとてもできません。理（理念や真理、理想）を、縁ある人を幸せにすることで得られる利（利益や利潤、営利）に変える「理と利の統合」をとおして、人々の喜びの中に永続的な繁栄を実現するための仕組みが必要です。

この仕組みに欠かせないものが、原則2で説明する「アチーブメントピラミッド」なのです。

問い

求めるものと向き合うための質問

もし、何でもできるとしたら
何を実現しますか。

成功のイメージをさらに具体的に描くために
できることは何ですか。

未来を知る者は
その未来を創り出す者自身である

原則2　ビジョンを描く

心から納得し、幸せだと思える人生を送っている人には、共通の特徴があります。

1つ目の特徴は、人生という、思考を現実化させる旅を続ける中で、自分はどこに行きたいのかという目的地が明確になっていることです。

目的地が明確で、どのルートを選べばそこにたどり着けるのかという地図を、頭の中に描いています。成り行きに身を任せてではなく、設計図をしっかり描いたうえで、人生を歩んでいるのです。

2つ目の特徴は、自分が大切にしたい価値観、つまりコンパスのようにぶれない判断軸をしっかりもっていることです。

私たちは、普段どこかに行くとき、住所を調べて目的地までのルートを設定します。目的地まで行くのに、何通りかのルートが見つかった場合、どのルートを選択するかを決める判断軸にあたるものが、価値観です。

時間を優先させるために飛行機で行くのか。多少時間はかかっても車を選択し、コストを削減するのか。あるいは、少し回り道をして、同行者と一緒に景色を楽しむことを優先するのか。

いろいろなことを考えたうえで、最適な方法で目的地に向かうでしょう。

これは人生も同じです。

自分は「どこに行きたいのか」と「何を大切にしたいのか」が明確なら、さまざまな手段の中から、自分にとってもっともよい方法を選択できます。

他人から「この道を行きなさい」といわれて進む道でもなく、「他人によく思われたい」と思って進む道でもありません。「私はここに行きたい」という自身のビジョンを描き、そこに向かって毎日を歩んでいくことで、心から納得できる人生に近づいていくのです。

本章では、人生のビジョンをどう描き、実現していくのかについて学んでいきます。

目的から一貫した人生を描く

ビジョンとは、自分はこんな人間になりたい、将来こうなりたいというイメージです。自分はこんな人間になりたい、将来こうなりたいと思うのは、日々判断・選択・決断を重ねてきた結果です。ということは、成功のビジョンを描く前に、まず日々の判断・選択・決断のよりどころとなる理念を明確にすることです。

理念とは、ある物事について、本来こうあるべきだという根本的な考え方。

つまり、まず、自分の人生において何を大切にするのかという価値観である、人生理念を明確にすることが大切です。

人生理念とは、「アチーブメントピラミッド」の土台となるものです。

アチーブメントピラミッドとは、まず人生理念を確立し、人生ビジョンを明確化したうえで、目標を定めて(目標の設定)計画を立て(計画化)、実践に落とし込んでいきます(日々の実践)。

このピラミッドにしたがい、①～⑤のステップを踏み、理念から実践まで一貫性をとお

アチーブメントピラミッド®

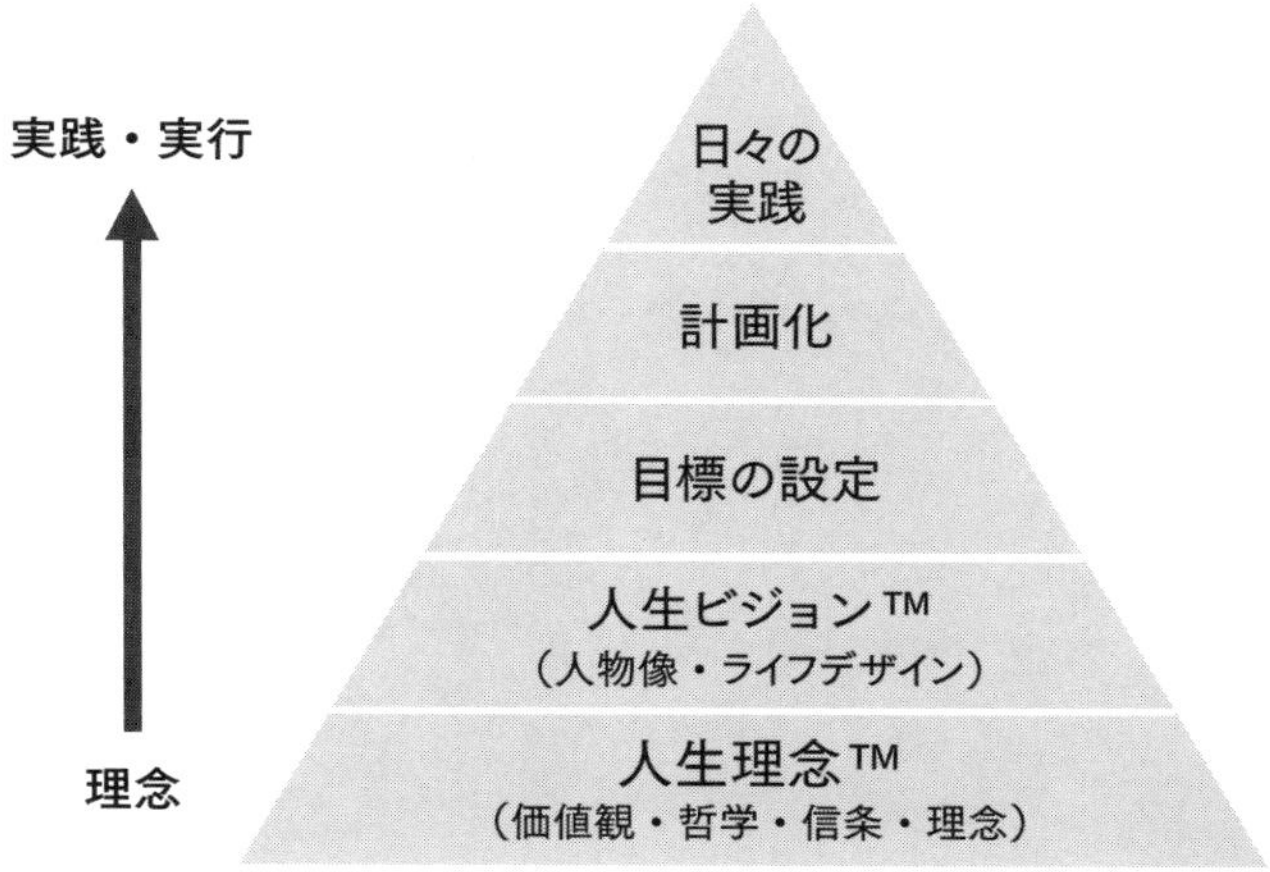

① 人生の土台となる価値観である人生理念を固める
② その上に構築するビジョンや将来のあるべき姿を明確にする
③ 目的を遂げるための目標を設定する
④ 目標を達成するための計画を立てる
⑤ 日々の実践に落とし込み、行動する

していくことが、戦略的に目標を達成し、成功をつかむための道なのです。

まず、自分がこれまで人生の中で大切にしてきた価値観や信条とは、どのようなものか。自分が求める人生を手に入れるには、どんな価値観を大切にすべきかを考えます。

そして、たとえば自分がもっとも大切にする価値観は「愛・誠実・感謝」だと決めたら、自分が家族を守り、会社の一員として誠実に仕事をし、お客様に役立つことをとおして社会に貢献していくという理想の姿を描きます。

さらに、そのビジョンを実現するには具体的に何をしたらいいのかという目標を設定するのです。

たとえば10年後に、より多くの人に貢献できる立場になるために、部長に就任する。そのために、5年以内に担当できる職務を広げ、これだけの金額の年間売上高を達成し、部下の指導力を高めて課長になる。そこで今できることとして、担当業務の知識を広げるため、1年以内に社内のこの資格試験に合格するというようにです。

10年後に自分の専門分野で起業し、社会に役立つ仕事をするというビジョンを描く人もいるでしょう。たとえば10年後に会社を設立するために、5年後までに事業のビジョンやスキーム、商品やサービスの内容を固める。あわせて開業資金を確保するために、会社設立までにこれだけの金額のお金を貯める。まず、専門分野で誰にも負けない知識やスキルを身につけるため、今あらゆる機会を利用して学び、毎月・毎年お金を貯めていく、という流れです。

いつまでに何を達成するのかという目標を立て、計画をつくり、日々実践していく中で、常に立ち返るべきは人生の目的です。

自分は、誰のために、何のために、なぜ生きるのか。

自分は誰のために成功しなければならないのか。

そして、自分にとって一番大切なものは何か。

人生の目的を見失うと、仕事や経済面で成功を収めても、大切なものを犠牲にする人生を送ることになるかもしれません。その意味で、自分が一番大切にしなければならないものを大切にできる人が、納得のいく人生を歩むことができるのです。

大切なものを大切にし、アチーブメントピラミッドの一貫性をとおす人生を送ることが、人生ビジョンの実現に近づくための道なのです。

バランスの取れたビジョンを描く

「自分にとっての成功とは何か」と考えたとき、「幸せをともなう成功」こそ本当の成功です。大切な人、大切なこと、大切なものを大切にする生き方が、目指すべき真の成功の姿なのです。

そこで重要なことは、バランスの取れたビジョンを描くことです。

たとえば、成功を手にし、満ち足りた人生を送っているように見える著名人が、幸せな人生を生きていると思っているとは限りません。仕事はとてもできるのに、家庭的には不幸で一家離散のような状態になっている。あるいは、あり余るほどのお金を手にしても、重い病気になってしまったら、幸せだとはいえないでしょう。

選択理論では、人間の幸せは「5つの基本的欲求」が満たされている状態だと考えます。「5つの基本的欲求」とは、「生存の欲求」、「愛・所属の欲求」、「力の欲求」、「自由の欲求」、「楽しみの欲求」です。

5つの基本的欲求

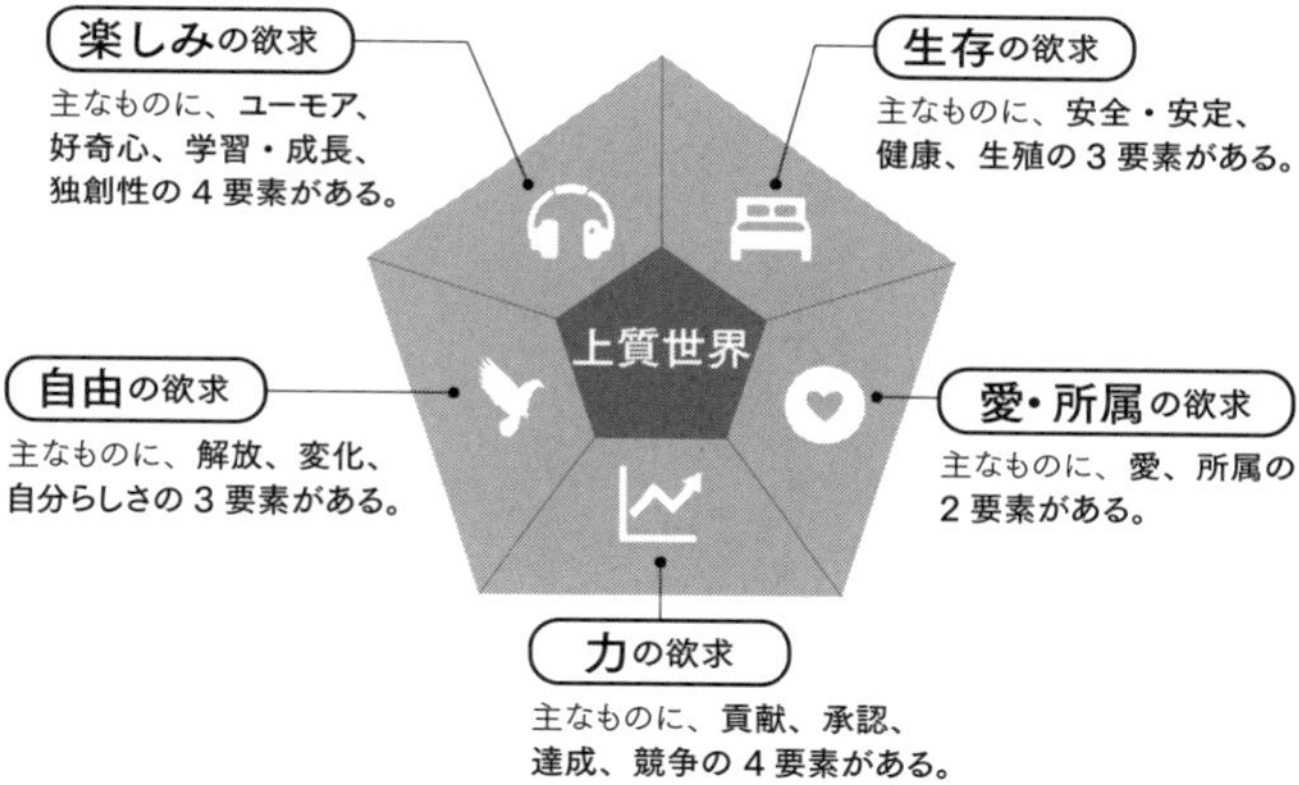
楽しみの欲求
主なものに、ユーモア、好奇心、学習・成長、独創性の4要素がある。
生存の欲求
主なものに、安全・安定、健康、生殖の3要素がある。
上質世界
自由の欲求
主なものに、解放、変化、自分らしさの3要素がある。
愛・所属の欲求
主なものに、愛、所属の2要素がある。
力の欲求
主なものに、貢献、承認、達成、競争の4要素がある。

＊５つの基本的欲求のそれぞれの欲求の要素は、柿谷研究室の研究結果に基づくものです。

生存の欲求とは、心身ともに健康な状態でいたいという欲求です。

愛・所属の欲求は、誰かと一緒にいたいといった満足な人間関係を求める欲求。これには、愛し愛されたい、何かに所属していたいという2つの要素があります。

力の欲求とは、認められたい、勝ちたいといった欲求で、貢献、承認、達成、競争という要素があります。

力の欲求は「自己有用感」とも大きく関わっており、「私には価値がある」、「私は人の役に立っている」と、周囲の人たちが自分という存在を肯定的に捉えてくれることを望む欲求でもあります。

一方、自由の欲求の「自由」は英語でいう「freedom」のことで、何事においても他人からコントロールされず、主体的に、自分のやりたいようにしたいという欲求です。自由の欲求には経済的な自由と精神的な自由の2つがあります。経済的な自由とは、自分を経済的に一定のレベルまで高めておけば、お金の面の制約からある程度離れて、選択の自由を広げることが可能になるということです。

楽しみの欲求は、ユーモア、好奇心、学習・成長、独創性の4つの要素があり、趣味や教養面の欲求ともいえます。


毎日、朝起きてから寝るまでの間に、この「5つの基本的欲求」が満たされているライフスタイルを送ることができるかどうかが、バランスの取れた人生ビジョンを描くうえで、非常に大事なテーマになります。

とくに重要なものが健康です。まず、心身ともに健康な状態を維持することを土台に据えなければいけません。そのうえで、人間関係の構築から仕事面、経済面、趣味・教養面までのさまざまな領域で、バランスの取れた人生をデザインし、それらを手に入れるための目標を立て、計画にしたがい日々実践するのです。

その中で心がけたいのは、アチーブメントピラミッドにしたがって一貫性をとおした生き方を実践し、家族をはじめとする身近な人たちを大切にしていくことです。

これが「インサイドアウト」という考え方で、仕事においても責任を全うし、価値ある自分へと成長していく。そして、お客様や取引先、ステークホルダー、さらには地域や社会、国家、世界の人々へと貢献の輪を広げていくのが、インサイドアウトの生き方を実践することです。

その結果として得られるものが、経済的な豊かさなのです。

その経済的な豊かさを活かして、楽しみの欲求などを満たすさまざまな領域を拡張していく、ということができるでしょう。

「5つの段階」をふまえて人生を戦略的にデザインする

人はある日、いきなり成功者になるのではありません。「学習の段階」、「リーダーシップ形成の段階」、「挑戦の段階」、「富の形成の段階」、「社会還元の段階」という、能力開発の5つの段階を経て成長を遂げていくのです。

各ステージで「知る」、「わかる」、「行う」、「できる」、「分かち合う」という5つのステップを踏み、身につけた知識を技術にし、その技術を用い、共有していく。そうすることで、縁ある人たちに貢献をしながら、次のステージに向けて自分自身を高めていくのです。

まず、自ら選んだ専門分野の基礎を学び、師に出会い、さまざまな情報を得て、自分自身を育て上げていくのが「学習の段階」です。そして日々の実践の中で、学んだことを活かして結果を出していく。さらに、そこで得た学習の成果を、縁ある人たちに伝えていきながら、能力を拡張していくのです。

この頃、青木はコミッションセールスの世界に入り、セールスマンに求められるマイン

能力開発の5段階

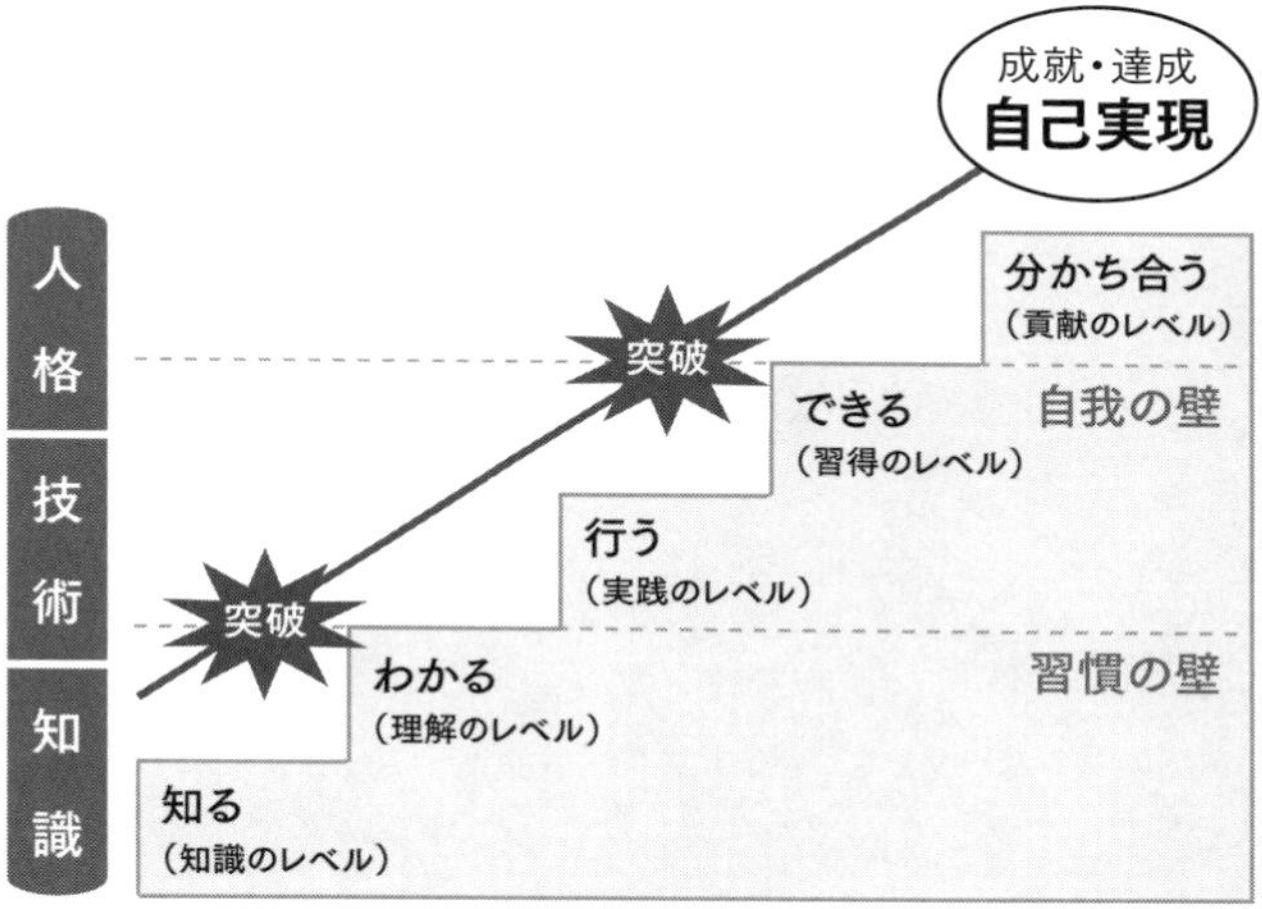

ド、スキル、ナレッジを徹底的に磨き上げてトップセールスマンとなり、トップセールスマネジャーへと成長を遂げました。

次に訪れるのは、指導力を高める「リーダーシップ形成の段階」です。青木はこの段階でセールスマネジャーとしてのスキルを磨き、そのあと恩師・夏目志郎氏が経営する能力開発トレーニング会社に、セールスマネジャーとして転職しています。3年間で売上を7倍に増やすという成果を上げて役員に昇格し、その中で自ら習得した技術を部下たちと分かち合い、より多くの人々を巻き込むリーダーシップを高めていったのです。

そして32歳で独立し、アチーブメント株式会社を設立しました。

第3のステップは「挑戦の段階」、つまり徹底した挑戦のステージです。青木はハードワークを重ね、数々の危機も乗り越えながら、新商品開発やマーケットの拡大に、果敢に挑戦します。紆余曲折の中から、戦略的目標達成プログラム『頂点への道』講座スタンダードコースが生まれたのもこの頃です。

こうしたチャレンジを経て、基盤を築いたあとに訪れるのが「富の形成の段階」です。この段階では、人脈が広がり経済的な余裕もできて、得た富を再投資することで、さらなる富の循環が起こります。

そして最後に、富が形成されてから自身の人生の幕を引くまでが、「社会還元の段階」です。これまでの人生をとおして得た富や知恵、経験を、社会に還元していくのがこのステージです。


今、自分は人生のどのステージを歩んでいるのか。また過去を振り返りながら、これまで、どのステージを終えてきたのかを考えてみることが大切です。

なぜなら、人生理念を土台にバランスの取れた人生ビジョンを描き、目標設定・計画化を行い、日々実践し、能力開発の5つの段階をふまえて自己実現をはかることは、実は、誰にでもできることだからです。

まずは人生理念を確立する。そして、その人生理念を土台にして、どんな人生を生きていきたいのか、何を実現していきたいのかを明確にイメージし、人生ビジョンを定める。

さらに、人生ビジョンを実現するために、いつまでに何を達成するのかという目標を設定し、目標を達成するための計画を立てて日々実践を続ける。

こうした一貫性をとおした生き方を、能力開発の5つの段階をふまえて実践していくことです。

問い

ビジョンを描く

あなたの人生理念は何ですか。
キーワードを選んでください。
当てはまるものが無い場合、
自分なりのキーワードを考えてみてください。

☐ 愛	☐ 正直	☐ 尊敬	☐ 誇り
☐ いたわり	☐ 純粋	☐ 慎み	☐ 真面目
☐ 援助	☐ 従順	☐ 忠実	☐ 約束
☐ 思いやり	☐ 栄誉	☐ 道徳	☐ 優しさ
☐ 感謝	☐ 慎重	☐ 努力	☐ 安らぎ
☐ 完全	☐ 真剣	☐ 忍耐	☐ 勇気
☐ 希望	☐ 真理	☐ 熱心	☐ 喜び
☐ 勤勉	☐ 信用	☐ 平安	☐ 礼儀
☐ 謙虚	☐ 信頼	☐ 平穏	☐ 上質
☐ 献身	☐ 正義	☐ 実践	☐ 卓越
☐ 健全	☐ 成長	☐ 信仰	☐
☐ 向上心	☐ 誠実	☐ 親切	☐
☐ 公平	☐ 責任感	☐ 平和	☐
☐ 最善	☐ 善良	☐ 奉仕	☐

あなたの人生ビジョンは何ですか。
書き出してみましょう。

人生の目的が変われば
人生の質が変わる

原則3　信念をもつ

偉業を成し遂げた人物は、揺るぎない信念の持ち主です。
自分がどんな困難な状況に陥ろうとも、「私はできる」、「私は必ずこれを達成する」という強い信念をもち、願望を成就し現実をつくり出してきました。

「鉄の塊が空を飛ぶはずはない」という世間の常識にとらわれず、数々の実験と挑戦を重ねて人類初の動力飛行機「ライトフライヤー号」をつくり上げ、ついに空を飛ぶという夢を実現したライト兄弟。

アメリカの著述家・社会事業家のヘレン・ケラーは、家庭教師のサリバン先生の献身的な指導と、自身の強い意志により、聴覚と視覚を失い、話すこともできない三重苦を克服しました。彼女は、苦学の末にハーバード大学附属のラッドクリフ女子大学に優秀な成績で入学し、文学士の学位を取得します。その後彼女は、世界中で講演活動を行い、多くの国々の障害者福祉の発展に貢献しました。

ウォルト・ディズニー・カンパニーの創始者ウォルト・ディズニーは、漫画家になることを夢見る少年でした。自ら設立した短編アニメーション映画の制作会社が倒産してもあきらめず、ディズニー社を設立し、アニメーション映画をヒットさせます。配給業者からアニメーターを引き抜かれるなどの苦労もありましたが、彼は新キャラクターのミッキーマウスを生み出し、大成功を収めました。

このような例は数えきれません。

思考を現実化する旅の中で、予想もしない困難な状況や周囲の人々の反対といった逆境に遭うことも少なくないでしょう。

そんなとき、どうすれば逆境の中でも前に進もうという強い信念をもつことができるのでしょうか。

そもそも信念とはどのようなものでしょうか。

この章では、「信念をもつ」ことの大切さについて考えていきます。

強い信念が現実を決定する

信念とは繰り返し、繰り返し鍛えられた思考の力であり、一つの確信です。

「私は必ずこうなる」、「私には必ずできる」という強い信念が、現実を決定するのです。

原則1でも紹介した『成功哲学』の著者であるナポレオン・ヒルは、同書にこう記しています。

「間違いなく、思考を巡らすことは現実の実体をも動かす力を持っている。
つまり、考え抜くことによって、そこから生まれたさまざまな考えが、
現実の富に転換しようという明確な目的、
粘り強さそして燃えるような願望と融合したとき、強い力を発揮するものだ」

（前掲、『新・完訳　成功哲学』アチーブメント出版）

思考の中から生まれたさまざまな考え方が、明確な目的や粘り強い意志、燃えるような願望と融合したとき、思考は現実を動かす強い力を発揮するのです。

単に望むことと、「思いは必ず実現する」と信じることは、根本的に異なります。それが現実化する前に、「必ず実現する」と強く信じたことが、本当に実現するのです。

揺るぎない信念をもち、果敢に挑戦する人は、何度も壁にぶつかるでしょう。でも、信念をもつ人にとって、「逆境は成功の前奏曲」なのです。

なぜなら、「私はできる」という信念をもつ人は、挫折の中で学習し、大きく成長を遂げることができるからです。

「なぜ自分は今、壁にぶつかっているのだろうか」と自らに問い、同じ失敗を繰り返さないためにはどんな行動を選択すべきかを考え続けます。

そして、「自分には必ずできる」と信じているからこそ、改善を繰り返し成長し続けるのです。

その成長の先に、成功が訪れるのです。

挑戦がなければ挫折はありません。でも、挫折がないかわりに成長もなく、その先の成功もないのです。

それゆえ、果敢に挑戦する人ほど、たくさんの挫折を経験するはずです。

もし、そこで立ち止まってしまったら、挫折は失敗に終わるでしょう。でも、人は挫折を味わったときに、もっとも成長するのです。

その意味で、挫折は、より成功に近づけてくれる「促進剤」のようなものです。

相対性理論を発表し、のちにノーベル物理学賞を受賞した20世紀最大の物理学者アルベルト・アインシュタインが、こんな言葉を残しています。

「挫折を経験したことがない人は、何も新しいことに挑戦したことがない人だ」
(Anyone who has never made a mistake has never tried anything new)

白熱電球や蓄音機、映写機をはじめ、約1300件の発明を成し遂げた発明王エジソンも、数々の失敗を重ねても決してあきらめない、強い信念の持ち主でした。エジソンにも、

「私は失敗したのではない。１万通りのうまくいかなかった方法を見つけただけだ」

(I have not failed. I've just found 10,000 ways that won't work)


という名言があります。

痛みのともなう挫折を経験したとき、壁を突破する力を与えてくれるものが、信念なのです。

１００％の信念が人生を決定する

信念とは、ある事柄を一点の曇りもなく、１００％信じている心の状態をいいます。

ある事柄を99％信じていたとしても、それは信念とは呼べません。

たとえ１％でも不信や疑念、猜疑心《さいぎしん》、優柔不断さが入り混じっていたら、信念が鈍り、恐れに支配される原因になるからです。


ウォルト・ディズニー・カンパニーの創始者であるウォルト・ディズニーは、

「あなたが何かを信じるなら、最後まで完全に疑うことなく信じなさい」

(When you believe in a thing, believe in it all the way, implicitly and unquestionable)


という言葉を残しています。

不信や疑念、猜疑心、優柔不断さといったマイナス思考は、願望の実現を阻《はば》む最大の障害です。そこで大切なことは、マイナス思考は、どこか外から吹き込まれたものではなく、自分の心の中で生み出されるものだということです。

たとえば、「自分の人生はとても幸せだとは思えない」と考えている人は、それが事実かどうかを、よく考えてみることです。

自分の人生には、幸せだと思える部分がまったくなかったのかどうか。

これまで体験した不幸な出来事にとらわれ、幸せだった部分に目を向ける努力が不足していなかったかと。

むしろ自分が、「私の人生は不幸だ」という解釈を、自ら選択しているのかもしれないのです。

事実は一つ、解釈は無数です。

事実の解釈を生み出すのは自分自身であって、どのような考え方をするかによって、自分の人生が決まります。

たとえば、今自分がしている仕事は天職で、この仕事で卓越した存在になると思えるかどうか。仕事以外でも、配偶者や家族、友人たちはかけがえのないパートナーだと思えるかどうか。そして、素晴らしい人生を送ることができると、一点の曇りもなく思えるかどうか。

自分の人生は不幸だと解釈すれば、そのマイナス思考にしたがって信念が形づくられ、結果的に不幸な人生が実現してしまいます。マイナス思考で事実を解釈することで、自分の人生をどんどん悪くしているともいえるでしょう。

逆に、今高い業績を上げている人は、プラス思考のもとで行動を選択してきたから、よい結果が実現しているのです。

ここでポイントとなるのは、プラス思考とマイナス思考は、同時に存在することができないということです。そこで必要になるものが、自分の思考と行動をコントロールする技術の習得です。

プラス思考で自分の心をコントロールする技術の向上に比例して、人生はよりよいものになっていくのです。

思考と行動をポジティブにコントロールする

プラス思考で、自分の心をコントロールする技術が自己暗示です。

たとえば、プロスポーツ選手が「今日も最高の試合ができる」「絶対に勝てる」と肯定的な暗示をかけている姿を見たことがある人もいるでしょう。自分にかける言葉が、精神面のみならず、運動に与える肯定的な影響力は、多くのスポーツ心理学者が注目をしています。

暗示とは、ある考え方や思い、決意を自分自身に繰り返し、繰り返しいい聞かせ、それを確信や信念へと高めていくことです。

人生は「先天的特質×環境×本人の選択」で決まります。先天的特質と、育った環境は変えられません。でも、人生を素晴らしいものにするために、どんな行動を選択するかは、自分の意志で決められます。

たとえ挫折をしても、偉人や数々の達成をつくりだしてきた人たちのように、100%

曇りのない信念の力で逆境を乗り越えることができます。

アチーブメント株式会社の相談役佐藤英郎も、自己暗示の力で数々の逆境や挫折を乗り越え、自らの人生を切り拓いてきた一人です。

20代のほとんどの時間を費やし司法試験に10回挑戦しましたが、弁護士になるという夢は叶いませんでした。その挫折の中から新たな人生に踏み出し、化粧品販売のトップセールスになったあと、佐藤はある人材研修会社の専務取締役となり、講師として活躍するようになります。

ところがその後、会社が経営危機に陥り、倒産してしまいます。住み慣れたマンションを売却し、ゼロからやり直そうと決心した矢先、ある社長が佐藤を食事に誘い、「佐藤さんの研修は絶対に続けてほしい」と声をかけました。

その言葉がきっかけとなり、佐藤は創造交流研修センターという研修会社を設立します。その後、佐藤は青木と出会い、アチーブメント株式会社の取締役に就任し、主席トレーナーとして活躍し、現在は相談役を務めています。

その間に、「佐藤はもう終わった」、「あいつは駄目だよ。あいつの人生は終わりだ」と、何度いわれたかわかりません。

でも佐藤は、

「絶対に負けてたまるか。お世話になった人たちに恩返しができる人間になるんだ」

「自分には人に役立つ力がある」

と自分自身に断言し、自己暗示をかけ続けたのです。

人生は、自分の考え方以上でも、それ以下でもありません。だからこそ、逆境や挫折を経験したとき、あるいは順境のときにも、自分の思考をしっかりコントロールしていくことが重要になるのです。

自己暗示の力を使って自分の思考をコントロールするときには、「私はこうなりたい」

という願望ではなく、「私には価値がある。私はできる、私は私のままで素晴らしい」と断言することが大切です。

毎朝、洗面台の鏡に映っている自分に対して、あるいは移動中の電車や車の中でも、あらゆる機会を捉えて、自分自身に暗示をかけてみて下さい。徹底的に自己暗示をかけて、思考と行動を、ポジティブかつ前向きにコントロールすることで、信念はますます揺るぎないものになっていきます。

問い

信念を磨く

理想の自分になるには、
どのような信念が必要ですか。

信念を磨くためにできることを
書き出してみましょう。

信念は現実を決定する

原則4　代価を払う

8回——。

これは、第16代アメリカ合衆国大統領エイブラハム・リンカーンが、51歳で大統領に就任するまで、選挙に落選した回数です。

リンカーンは大統領就任後、奴隷解放宣言や、

「人民の人民による人民のための政治」

(Government of the people, by the people, for the people)

というフレーズで有名な「ゲティスバーグの演説」を行い、南北戦争の終結に力を尽くしました。

リンカーン大統領は、「アメリカ史上もっとも偉大な大統領」と讃えられる偉業を成し遂げる前に、8回の落選を経験していたのです。

『ケンタッキー・フライドチキン』の創業者であるカーネル・サンダースも、第1店舗目のフランチャイズ契約に成功するまでに、1009回も商談を断られています。

１０１０回目の営業で初契約を勝ち取り、現在１４５か国以上に２万５０００以上の販売店を展開する世界一のフライドチキンチェーンをつくり上げたのです。

リンカーンは、８回目の選挙に落選したとき、次の選挙で大統領に当選することを知っていたでしょうか。

カーネル・サンダースは、１０１０回目の営業でフランチャイズ初契約を獲得できることがわかっていたでしょうか。

人は、「何が何でもこれを成し遂げたい」という、燃えるような強い願望を抱いたとき、アチーブメントピラミッドにしたがって、目的を遂げるための目標を設定し、計画を立て、日々実践を繰り返します。

ところが、それをどれだけ続ければ、望む結果を手に入れられるのかはわかりません。それでもあきらめず、「代価」を払い続けて初めて、望む結果を手に入れることができるのです。

本章では、願望を遂げるために支払うべき代価とは何かを学びます。

求めるものを得る前に代価を先払いする

種をまかなければ作物は実らないことは、誰でも知っているシンプルな事実です。これと同様に、本当に心から求めるものがあるなら、それを得るための代価を進んで先払いすることが必要です。

正当な代価を先払いすることで、求めるものを手に入れることができる。これが代価と報酬の原理です。

その意味で、代価と報酬の原理は、種まき収穫の法則といってもいいでしょう。

たとえばオリンピック選手の場合、金メダルを獲得することを求めているのか、それともオリンピックに出場できればいいと思っているのかによって、練習に対する取り組みは大きく異なるはずです。

世界の頂点を目指すなら、世界でもっとも先進的で科学的、効果的なトレーニングを重ねて成果を出し続けない限り、金メダルが獲れる見通しは立ちません。

世界の強豪チームやライバル選手の練習法、メンタルトレーニングの方法などを研究し尽くし、それらを上回るトレーニングを重ねなければならないはずです。

本番で戦う前に、自分の能力を、世界の頂点を目指すことができるレベルに引き上げる努力を重ねた先に、ようやくメダルが視野に入ってくるでしょう。

その意味で、代価と報酬の原理を、原因と結果の法則といい換えることもできます。

求めているものを手に入れるうえで、進んで先払いしておくべき代価の一つが、貢献です。

まず周囲の人々の役に立ち、貢献し、必要とされる存在になるのです。

仕事なら、お客様の役に立ち、貢献し、お客様から必要とされる存在になる。そうすれば、高い目標を達成し、大きな報酬を得ることができます。

たとえば、営業担当者が目標を達成するためには、面談の量と質をコントロールする技術が必要です。具体的には、自分でやる、人の力を借りる、ツールを活用するという3つの方法が考えられます。

自分で面談の量を増やすなら、まず一人でも多くの人に連絡をしてアポイントを取り、訪問回数を増やすはずです。ツールを活用するなら、タイムマネジメントを手助けしてくれる手帳などのアイテムが数多くあります。

もっとも大切なのは、お客様にいかに貢献し、新規開拓の協力者になっていただくかということです。協力者になってくれたお客様の力を借りることで、紹介をとおして有望な見込み客を見つけることができるので、成約率が向上し、高いアベレージを維持することができるようになります。

お客様に協力者になっていただくには、まず自分がお客様から好かれ必要とされる存在になる必要があります。そのために心がけたいのは、お客様は何を望んでいるのか、どんな願望をもっているのかを理解し、その実現に役立つ情報を提供することです。

お客様が望むもの、それはお客様が直面している問題の解決に役立つ情報だったり、あるいは、担当者個人の願望成就に役立つ情報だということもあるでしょう。

お客様との関係が深まれば、悩みを打ち明けられ、親身になって相談に乗ることもあるかもしれません。

お客様の望みや願望を理解し、「お客様の望みを叶えたい」と心から願い、その実現をわが喜びとすることができて初めて、商品を売る前にお客様に役立ち、必要とされる存在になれるのです。

これは営業に限らず、あらゆる仕事に必要とされる姿勢です。

「正しさ」より原理原則にこそ従順になる

ゴールに向けて走り続ける中で、迷いが生じることもあるかもしれません。実際、成功への道から引きずり降ろそうとする、さまざまな障害が立ちはだかってきます。

それはたとえば、真実を見誤らせる考え方や情報、本質を外れた毀誉褒貶《きよほうへん》です。

そこで重要になるのが、「素直さ」です。

これは、従順さや素朴さを意味するのではなく、物事の本質を見極め、それにしたがう心のあり方です。

パナソニック創業者の松下幸之助氏は、「素直な心」の大切さをこう強調しています。

「素直な心とは、いいかえれば、とらわれない心である。
自分の利害とか感情、知識や先入観などにとらわれずに、
物事をありのままに見ようとする心である。
人間は心にとらわれがあると、物事をありのままに見ることができない。

たとえていえば、色がついたり、ゆがんだレンズを通して、
何かを見るようなものである」
（松下幸之助『実践経営哲学』ＰＨＰ研究所）

自分の利害や感情、知識や先入観にとらわれず、物事をありのままに見ようとする心から、真理や原理原則に対する素直さが生まれます。

その意味で、「正しさ」は人それぞれの解釈で、「正しさ」イコール真理、原理原則であるとは限らないことを理解することは大切です。

ですから、自身の解釈から生じる「正しさ」を、原理原則よりも優先させてはなりません。正しいと思っていることが、実は思い込みであり、原理原則から外れているかもしれないからです。


成功の原理原則に沿って物事を判断し行動しているかどうか。

それは「今、手にしているものは、心から求めているものだろうか」と自らに問いかければわかります。自分が今、望む結果を手にしているのかどうかを見るのです。

また、企業経営の場合、原理原則に沿って判断し行動することは、理念から判断し行動することともいえるでしょう。なぜなら、理念とは、本来こうあるべきだという根本となる考え方であるからです。

当社の場合は、次のような企業理念を定めています。

「上質の追求
わが社は選択理論を基にした、高品質の人財教育をとおして、
顧客の成果の創造に貢献し、
全社員の物心両面の幸福の追求と、
社会の平和と繁栄に寄与することを目的とします」

そして、毎日の朝礼や週に一度の全社会議で企業理念を確認したり、マネジャーに昇格した社員に「今自分のしていることは経営基本方針に則っているか」と書かれたプレートを配布しています。このような取り組みをとおして、企業理念に沿った企業活動を行って

いるかを日々確認する機会をつくっているのです。

本気でお客様のことを考え、どうすればお客様に役立てるのかを真剣に追求する、その心の状態が素直さだと考えているからです。

それは、個人の人生でも同様です。

どうすれば配偶者や家族、友人をはじめとする縁ある人の役に立てるかを真剣に考え、よい人間関係を構築することで、人生はより豊かなものになるはずです。

素直さは、成功の本質なのです。

問い

代価を考える

あなたが達成したい目標は何ですか。

目標を達成するには、
どのような代価の支払いが必要ですか。

成すべきことを知り、
それが習性となるまで
続けることができれば
目標は必ず成就できる

原則5　卓越する

ビジネスや学問、芸術、スポーツをはじめ、さまざまな分野で際立った成果を上げ、世界を舞台に活躍している人たちがいます。

そのような人たちは、及びもつかない特別な才能をもっていたから、専門分野で卓越した存在になれたのでしょうか。

スウェーデンの心理学者であるアンダース・エリクソン教授が１９００年代初期にベルリン高等音楽学校のもとに、バイオリン奏者を３つのグループに分けて、バイオリンを習い始めてからの総練習時間を調査しました。

その結果、次のような事実が明らかになりました。

①音楽アカデミーのバイオリン専攻者のうち、
　世界的なソリストに成長する可能性をもつ学生
②音楽アカデミーのバイオリン専攻者のうち、「良」程度と評価される学生
③音楽アカデミーのバイオリン専攻者のうち、プロの演奏家になることは期待されず、
　公立学校で音楽教師になることを目指している学生

彼らの20歳の時点での平均総練習時間は、②のグループが8000時間、③のグループは4000時間を少し上回る程度だったのに対し、①のグループは、1万時間に達していたことがわかったのです。

仮に1年365日休まないとして、1日の練習時間を3時間とすると、1万時間練習するには約9・1年を要しますが、1日8時間の練習を続けると約3・4年で1万時間を達成できる計算になります。

ソリストとして世界的に活躍しているプロの演奏家たちが、なぜ卓越した存在となり、今の地位を築き上げてきたのかは、もう明らかでしょう。

あなたはこれまで、何に1万時間使ってきましたか。

あるいは、これから何に1万時間を使っていきたいと思いますか。

本章では、専門分野で卓越した存在になるために、心がけるべきことは何かについて学びます。

「センターピン」を狙ってボールを投げ続ける

「現代経営学の父」と呼ばれる著名な経営学者のピーター・F・ドラッカー氏は、著書の中で、こんな回想をしています。


「私が一三歳のとき、宗教の先生が『何によって憶えられたいかね』と聞いた。

誰も答えられなかった。

すると、『答えられると思って聞いたわけではない。

でも五〇になっても答えられなければ、人生を無駄に過ごしたことになるよ』といった」

（ＰＦドラッカー著、上田惇生訳『ドラッカー名著集4　非営利組織の経営』ダイヤモンド社）


「あなたは何によって憶えられたいのか」、つまり、ドラッカー氏たちは先生から、「自分が成し遂げたどんな事柄によって、人々の記憶に残りたいのか」と問われたのです。

人生をデザインしていくうえでも、「これからどんなことを成し遂げて、人々の記憶に残りたいのか」と考えてみることは、非常に大切です。

たとえば、「私は、人々の生活の質の向上に役立つサービスをつくり上げ、人々の記憶に残るような仕事をしたい」という志を抱いたとします。

ならば、人々の生活の質の向上に役立つサービスをつくり上げることを、自分が狙いを定めるべき「センターピン」として、人生をデザインしていくのです。

センターピンとは、ボーリングで一番先頭に立っているピンのことです。センターピンを倒せば、残りのピンはおおむね倒れます。センターピンを外したらストライクは出せません。

人生においても同様に、このセンターピンを目がけて、毎日ボールを投げ続けていくことが大切です。

ボーリングのセンターピンのように、全体にもっとも大きな影響を与える部分を的確に押さえて問題や課題を解決できる人が、願望を成就し偉業を成し遂げるのです。

専門知識を究める

自ら選んだ道でトップになろうと決めたら、卓越した専門知識を身につける必要があります。

一般知識は、教養や人間としての幅を広げることに役立ちます。話題を広げてお客様とよい関係をつくるためにも、人として恥ずかしくない立ち振る舞いをするためにも、一般知識や教養は不可欠です。

でも一般知識そのものが、経済面で豊かにしてくれるわけではありません。私たちが現実の世界で頂点を目指し、卓越した成果を出し続けるには、社内や業界の中で「自分の右に出る人はいない」と思えるレベルにまで、専門知識を磨く必要があります。

そうやって身につけた新たな専門知識を、蓄積してきた専門知識と組み合わせ、創造力を働かせれば、知恵や、問題を解決するためのアイデアが生まれます。

知識なきところに知恵やアイデアは生まれず、知恵やアイデアがなければ問題解決も不可能です。そもそも、知識がなければ、何が問題の本質なのかも理解できません。同じ問題が繰り返し起きたり、同じところで壁にぶつかるのも、知識不足が原因であることが多いのです。

逆に、知識が豊富で頂点を目指している人ほど、知識欲が旺盛です。良質な情報を得ているので、対応が迅速かつ正確で、困難に直面しても立ち止まらず、問題解決をとおして成長していくことができます。

とはいえ、世の中の変化はスピードを増す一方です。自分の知識だけでは対応しきれないと思ったら、他の人の専門知識を積極的に借りることです。専門分野に強いブレーンを置くとか、専門家グループとの良好な関係を築いておくことはとても有用です。より高度な専門知識をもつ人たちの力を借り、より優れた知恵を生み出すのです。

知識が最善の行動を創造する

卓越し、頂点への道を目指すには、強いモチベーションが必要です。

その強いモチベーションを引き出す鍵となるものが、原則2で説明した5つの基本的欲求です。選択理論では、「生存の欲求」、「愛・所属の欲求」、「力の欲求」、「自由の欲求」、「楽しみの欲求」は、もともと遺伝子に組み込まれているものであり、モチベーションの源泉と考えます。

人には、5つの基本的欲求を満たすイメージ写真が数多く貼られている、「上質世界」という記憶の世界があります。私たちは、それらのイメージ写真を現実の世界に求めて行動しています。求めているものが現実の世界で得られれば、快適感情を得ますが、得られなければ苦痛を感じ、快感を求めて行動し続けます。この上質世界と現実とのギャップが、人を動かしているのです。

人間の行動を車にたとえれば、車を動かす「エンジン」が5つの基本的欲求で、「前輪」にあたるものが行為と思考。「後輪」にあたるものが感情と生理反応です。

全行動

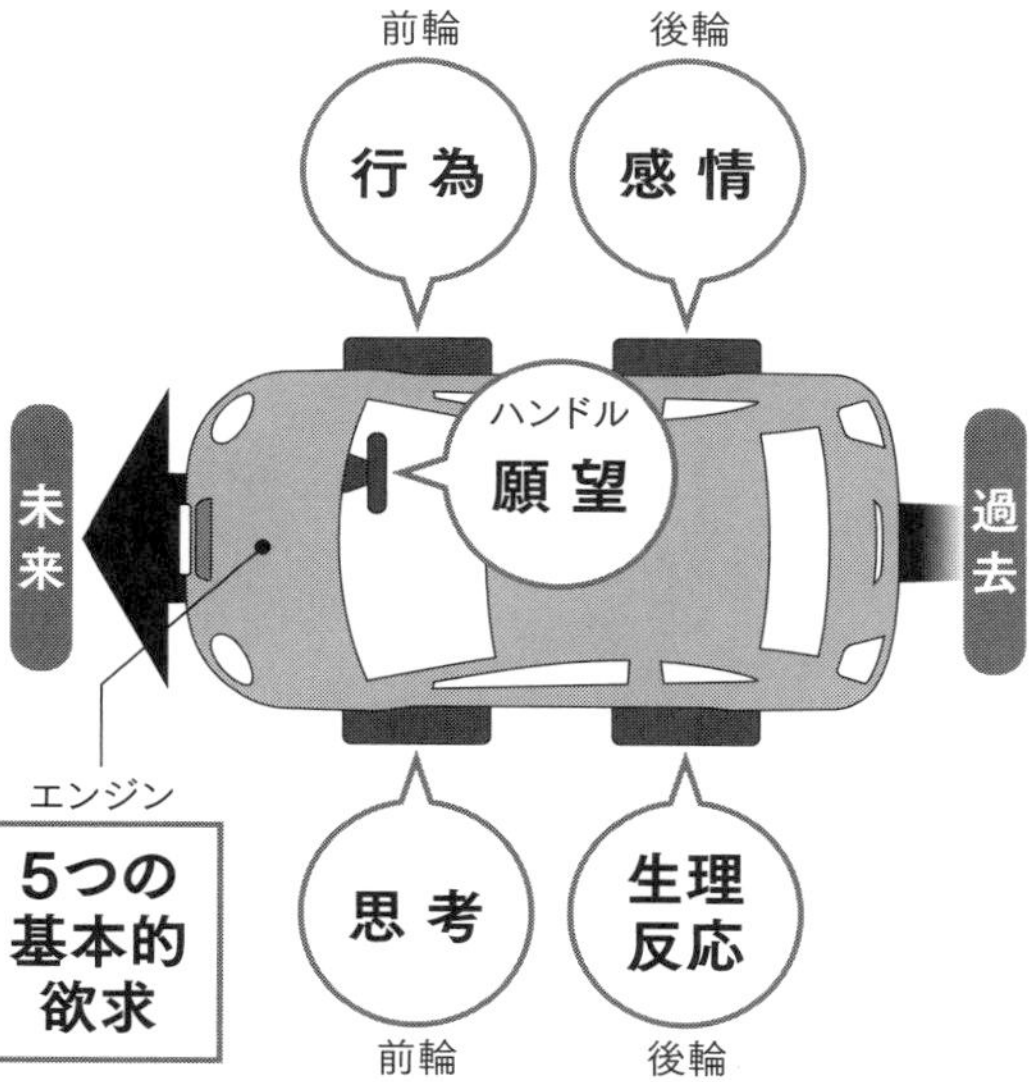

全行動の4要素

行　為：歩く、話す、食べるなどの動作

思　考：考える・思い出す・想像するなど、頭を働かせること

感　情：喜怒哀楽といった感情

生理反応：発汗、心拍、あくび、呼吸、内臓の働きなど

人は「車」のハンドルを切りながら、「前輪」にあたる行為と思考をコントロールし、「目的地」である願望を目指して進んでいるのです。

そうした中で、もし何か直接コントロールできない状況に直面したとき、私たちは過去の経験からもっとも効果的だと思われる最善の行動、「整理された行動」を取ろうとします。ところが何らかの理由で、その「整理された行動」が取れない場合、「再整理」というステップを経て、新たな行動が創出されます。選択理論では、これを創造のシステムといい、再整理の過程で自分のもてる知識や知恵が総動員されるのです。

そして、そこで生まれた新たな行動もまた、「整理された行動」として蓄積されていきます。つまり、知識がなければ「整理された行動」も、創造も生まれないということです。

専門知識は、書物をとおして得られるものだけではありません。日々の仕事の中で得られる良質な情報や価値ある体験も、頂点を目指すうえで不可欠な専門知識です。書物をとおして、あるいは体験をとおして蓄積した専門知識を仕事にどんどん取り入れ、問題解決に活かしていくことが重要です。

自ら選択した分野で、「この道の専門家として、右に出る人がいない存在だ」といい切れる専門知識を身につけることが、願望成就に近づく道なのです。

強みを活かし道を切り拓く

自ら選んだ道で卓越した存在になるには、専門分野で強みを徹底的に伸ばしながら、道を切り拓いていくことが重要です。

「専門分野をどうやって決めたらいいのだろう」と思っている人もいるかもしれませんが、シンプルに「目の前の仕事を、誰よりも真剣に情熱をもって取り組めるかどうか」を判断基準にすることです。

誰よりも真剣に情熱をもって取り組めることなら、高い成果を出せるので、向き不向きが明確です。たとえば、マーケティングという仕事に、誰よりも真剣に情熱をもって取り組めるなら、マーケティングのスペシャリストとして頂点を目指すのです。

その結果、社内のマーケティング分野のエースとして活躍する存在になり、卓越したマーケティングの専門知識とスキルを活かして、独立起業への道が開けるかもしれません。

頂点を目指して成長を続ける中で、小木《しょうぼく》が年輪を一つひとつ重ねて大木《たいぼく》へと成長していくように、専門分野で大輪の花を咲かせる未来が見えてきます。

そのために、もっとも適したやり方が「長所伸展法」。欠点にはあえて目を向けず、あくまで長所を伸ばしていくのです。

欠点に目を向けると、自分の足りないところばかりを意識するようになり、自信が失われます。そうなることを防ぐために、強みを徹底的に伸ばし、欠点を相殺するのです。

本田技研工業の創業者である本田宗一郎氏は、

「人生は『得手《えて》に帆《ほ》をあげて』生きるのが最上だと信じている。だから今でも機会があると、若い人に得意な分野で働けといっている」

（本田宗一郎『やりたいことをやれ』ＰＨＰ研究所）

と語っています。

「順風に帆を上げる（追い風のときに帆を上げ、順調に船を走らせること）」のと同様に、得手（自分が得意とすること）に対して帆を上げて、思いのままに進みなさいということです。

また、自分の足りないところを補ってくれる人に不得手な分野を任せ、得意分野に専念してもいいでしょう。

本田氏は、自らが「１００％信頼できるパートナー」と語り、のちに副社長を経て取締役最高顧問に就任した藤澤武夫氏に経営面をすべて任せ、自らが得意とするものづくりに専念しました。

「一パーセントの成功のため、
得意な分野でさえ九九パーセントのつまずきを経験した。
私のように得意なことを一途にやっても、つぶれかけることがあるのだ。
不得意な分野に手を出して失敗するのも当然かもしれない」
（前掲、『やりたいことをやれ』）

この言葉からもわかるように、強みを徹底的に伸ばしていったからこそ、本田氏は「世界のホンダ」を一代でつくり上げることができたのです。

経営者や組織のリーダーは、部下に対しても、本人の欠点を指摘するより、どうすれば長所を伸ばせるのかに関心をもち、アドバイスを行うことが大切です。

部下の長所を伸ばすことに関心をもつということは、部下の長所を認め承認することにほかなりません。承認し、長所を伸ばすために誠心誠意向き合ってくれる上司のもとでなら、部下は自己概念を高め、誰よりも真剣に情熱をもって仕事に取り組んでくれるはずです。

自分自身の強みを理解し、それを磨き上げていく中で、強みを活かすにはどんな仕事や分野を選択すればいいのかも、より明確になってきます。そこから、専門分野で卓越した存在になるための、成長の旅が始まるのです。

問い

卓越する道を定める

あなたの強みは何ですか。

あなたは何によって憶えられたいですか。

生きがいとは
人が熱情をそそぐ仕事の中に
苦労と共に見出す深い喜びである

原則6　目標を定める

目標を常に達成する人は、目標を設定する力を身につけています。

コロンビア大学ビジネススクールのモチベーション・サイエンス・センター副所長を務める心理学者のハイディ・グラント・ハルバーソン氏は、著書の『やってのける』（大和書房）の中で、「目標設定理論」の提唱者である心理学者のエドウィン・ロック氏とゲイリー・レイサム氏が行ったある調査を紹介しています。

その調査によれば、木材運搬業者はトラックの法定積載量の平均60％しか工場に運んでいませんでした。木材の積載量について明確な目標が示されていなかったのです。

そこで、法定積載量の94％まで積むよう具体的に指示したところ、積載量が平均で90％を上回るようになりました。業務効率が向上すれば、会社の利益も増加します。

この結果をもとに、ハルバーソン氏は、明確な目標を設定することは重要だと述べました。

ゴール設定が明確であればあるほど、そこから逆算して行動することができます。

たとえば、友人と待ち合わせをしたとき、目的地の住所を検索し、現在地を確認、そこから逆算してルートを計算します。

もし、目的地の住所が市町村までしかわからなければ、逆算してルートを確認することはできないでしょう。

これは、目標設定も同じです。

効果的な目標を設定することで、逆算が働き、達成への道のりがより明確になるのです。

本章では「目標を定める」ことについて学びます。

ゴールから逆算して目標を定め、実行する

目標設定でもっとも大切なのは、何をいつまでに成し遂げるのかを決め、ゴールから逆算して目標達成の手順や方法を具体的に考え、計画に落とし込んでいくことです。

そして、計画の最小単位である1日の中で、今日できることに集中し、小さな目標達成を積み上げ、大きな目標を達成していくのです。

「何が何でもこれを達成する」と強く思える目標を設定すれば、思考をその目標の達成に集中させることができます。

つまり目標設定は、思考を一点に集中させる最良の方法であるともいえます。

まず、何をいつまでにやるのかを明確にし、それをなぜ、何のためにやるのか、具体的にどのように実施していくのかを考えます。誰の力を借りれば目標を達成できるのか、目標達成の制約条件や障害になるものは何かもあわせて考え、頭の中でシミュレーションを

行うのです。

　そうやって、頭の中で目標達成が明確にイメージできるところまで考え抜いたあとは、実行あるのみです。目標達成のためにもっとも効果的なことを優先して行うのです。

　目標達成のために優先してやるべきことは何かを考え続ける中で、さまざまなアイデアが浮かんでくるはずです。ゴールから知恵が生まれるといってもいいでしょう。

　目的や目標を意識して日々行動していると、ふとした瞬間にこれまで思いつかなかったアイデアが湧き上がってくることもあります。

　常にメモ帳とペンをもち、浮かんできたアイデアをメモするのもいいでしょう。そのアイデアを客観的に見直し、目標達成に効果的かどうかという基準で優先順位をつけて実行に移し、着実に達成することを習慣化するのです。

目標設定の4つのポイント

目標設定を効果的に行うには、4つのポイントを押さえることが大切です。

第1に、目標を設定するときには必ず期日を区切ること。長期、中期、短期それぞれについて、いつまでにそれをやるのかと期日を区切るのです。

たとえば、「体重を3キロ落とす」ではなく、「12月31日までに体重を3キロ落とす」と設定することです。

第2に、目標は定量化されたものにすること。たとえば、「貯金をする」や「家族と仲良く過ごす」というのは、曖昧な目標です。「毎月3万円を貯金する」「1日1時間は家族と過ごす時間をもつ」といったように、定量化することです。

第3に、目標を「アチーブメントライン（最適目標勾配）」に設定することが大切です。

ここでグラフの縦軸に「目標の高さ」を取り、横軸に「所要時間」を取ってみます。

アチーブメントゾーン

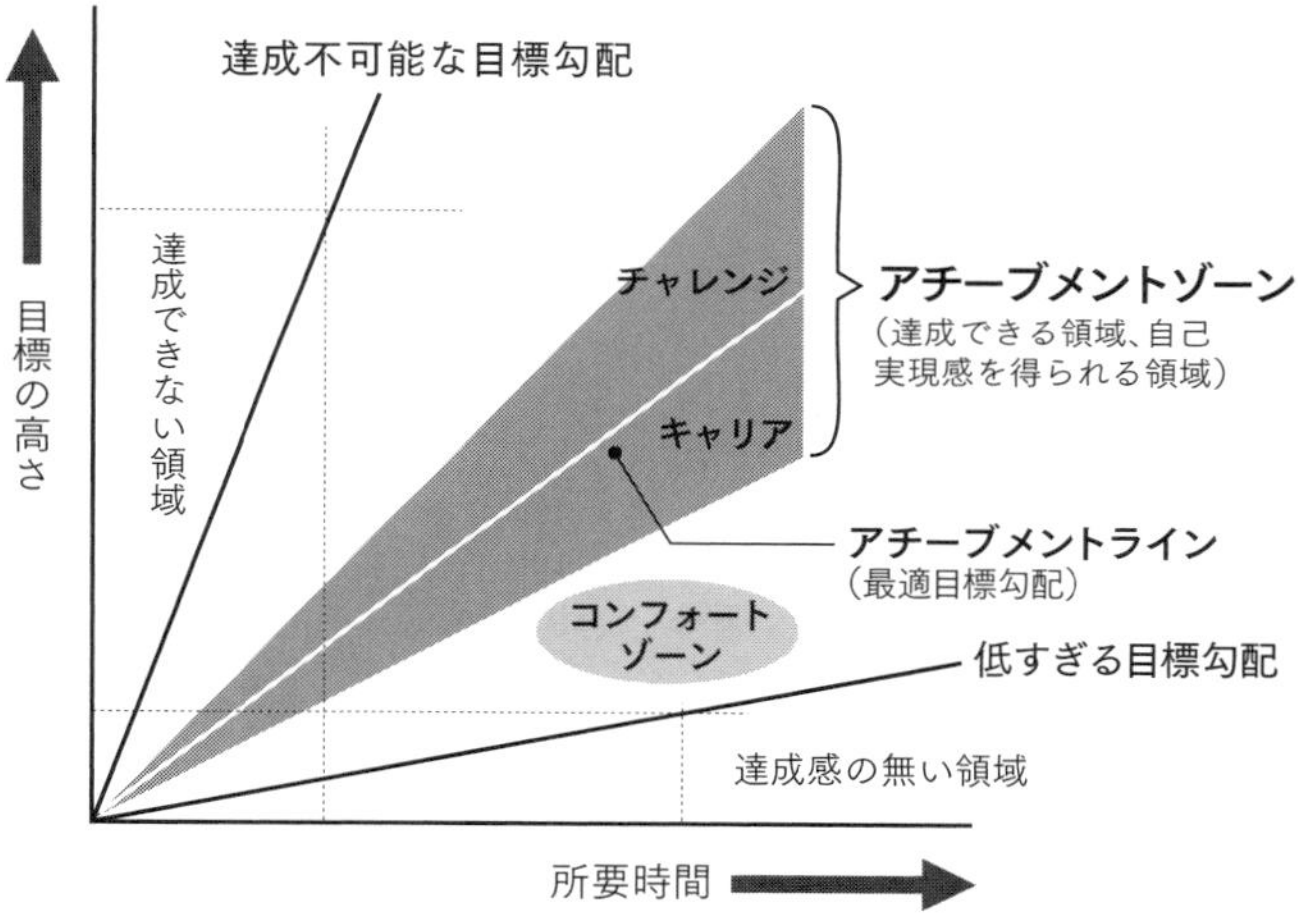
達成不可能な目標勾配
達成できない領域
目標の高さ
チャレンジ
キャリア
アチーブメントゾーン
（達成できる領域、自己実現感を得られる領域）
アチーブメントライン
（最適目標勾配）
コンフォートゾーン
低すぎる目標勾配
達成感の無い領域
所要時間

目標が高く、短期間で目標を達成しようとすればするほど、グラフの傾き（目標勾配）は急になります。このグラフの勾配があまりにも急だと、目標達成は難しく、逆に勾配が緩すぎると達成感が得られません。

ですから、このグラフの勾配を最適な範囲内に設定するのです。

無計画は、失敗を計画するのと同じです。

1か月で3kg減量するなら、食事のコントロールで目標を達成することができるでしょう。ところが1か月で10kg減量するとなると、それではすみません。過大な減量目標を達成するために、過度な食事制限を行ったりして、摂るべき栄養も摂らず体に負荷をかけることになるかもしれません。

ですから、このグラフの勾配を最適な範囲内に設定することが大切です。これを、最適目標勾配（アチーブメントライン）といいます。

最後に、目標設定の第4のポイントは、健康面、人間関係面、職業面、経済面、趣味教養面の5つの分野についてバランスを取ることです。5つの分野のバランスを保ちながら、それぞれ長期・中期・短期において、よい状態を維持するための目標を設定するのです。

心がけるべきは、ビジネスはサクセス、プライベートはハピネスです。仕事でいくら高い業績を上げても、健康や家庭に問題があったら幸せになれません。健康管理をしっかり行い、プライベートについてもしっかり目標を設定することです。

たとえば配偶者や子どもと、それぞれどんな関係を築くことを目指すのか。そのために、具体的にいつ、どんなことをするのか。仕事でもプライベートでも無理のない範囲で、バランスが取れた目標を設定することです。

本章の冒頭に紹介したハルバーソン氏は、同書で次のようなことを指摘しています。

どんな目標でも、それを達成すれば幸福を感じますが、多くの場合、その幸福感は一時的なものにすぎません。でも、親しい友人や家族と特別な時間を過ごす、成長につながることを成し遂げる、助けを必要とする同僚や隣人の役に立つ、あるいは、ホームレスのための無料食堂で奉仕活動をするといった目標を達成しようとすることは、真の幸せにつながるということです。

5つの分野別 目標設定の例

健康面	・ハーフマラソン完走（20××年3月） ・体重68キロを切る（20××年6月） ・健康診断オールA（20××年4月）
人間関係面	・大学OB会の幹事を引き受ける（20××年12月） ・異業種交流会のサークルをつくる（20××年） ・子どもの学校行事にすべて参加をする
職業面	・新規企業を20社開拓する（20××年10月） ・仕事に必要な○○の資格に合格する（20××年12月） ・課長に昇格する（20××年）
経済面	・貯蓄・資産運用に関する書籍を5冊読む（20××年2月） ・子どもの教育資金300万円を貯蓄する（20××年） ・マイホームを購入する（20××年）
趣味教養面	・家族でキャンプに行く（20××年8月） ・ゴルフで平均スコア100を切る（20××年6月） ・世界20か国に旅行する（20××年）

目標設定は、よりよい人生を生きるための技術でもあります。バランスの取れた目標設定をすることは、自分自身のよりよい人生をデザインすることなのです。

問い

目標を定める

5つの分野で目標を設定してみましょう。

健康面

1〜3年以内	
4年後〜	

人間関係面

1〜3年以内	
4年後〜	

職業面

1～3年以内	
4年後～	

経済面

1～3年以内	
4年後～	

趣味教養面

1～3年以内	
4年後～	

成功とは
価値ある目標の
段階を追った実現である

原則7 達成計画を立てる

納得のいく人生を送るうえで不可欠なもの。

それは時間管理の技術です。

子どもから大人に至るまで、職業あるいは地位や名誉に関わらず、時間は誰にでも平等に与えられています。


一方、私たちが人生を生き、思考を現実化するために使える時間は有限です。

2023年7月に厚生労働省が発表した「令和4年簡易生命表の概況」によると、令和4年の日本人の平均寿命は、男性が81・05歳、女性が87・09歳でした。

「健康上の問題で日常生活が制限されることなく生活できる期間」である健康寿命は、2019年時点で男性が72・68歳、女性が75・38歳です。

日本では、男女ともに平均寿命が80歳を超えてはいても、健康面で支障なく日常生活を送ることができる時間は、さらに限られるのです。


このように、私たちがもっている時間には、いつか終わりがやってきます。

しかも、その最期の日がいつになるかは、誰にもわかりません。

「現代経営学の父」と呼ばれる著名な経営学者のピーター・F・ドラッカー氏が、こんな言葉を残しています。

「時間はもっとも乏しい資源であり、
それが管理できなければ他の何事も管理することはできない」
(Time is the scarcest resource, and unless it is managed, nothing else can be managed)

だからこそ、納得のいく人生を送りたいと思ったら、納得のいく時間の使い方をしなければなりません。

この章では、時間を管理し、計画を立てるうえで大切なことは何かについて学んでいきます。

タイムマネジメントで「未来の時間」を管理する

成功を目指す人にとって、タイムマネジメントは非常に重要です。
それは、人には誰にも平等に時間が与えられていますが、一人ひとりが人生の中で使える時間は有限だからです。

世の中のすべての出来事は、未来に向かって流れ続ける時間の中から生まれています。その出来事をコントロールする技術が、タイムマネジメントです。その意味で、タイムマネジメントは未来の出来事を管理する技術だといってもいいでしょう。

たとえば天候は、私たちが直接コントロールすることはできません。でも天気予報を見れば、明日の予想気温や降水確率などを知ることができます。

今日は降水確率が高くて雨が降りそうだから、傘をもって家を出よう。今週後半に台風が来そうだから出張の日程を変更しようというように、確かな情報を得て、妥当な意思決定を行えば、未来に起こる出来事のかなりの部分をコントロールできるのです。

だからコントロールできることとできないことを区分し、コントロールできることにフォーカスして実行する。そして、管理下における事柄を、コントロールできる力を高めていくことが重要なのです。

具体的には、原則6で学んだ健康面、人間関係面、職業面、経済面、趣味教養面の5つの分野について、それぞれ長期・中期・短期目標を設定したあと、行動計画を立て、タイムマネジメントをしながらそれらを着実に実行していきます。

タイムマネジメントを行う中で、いわば未来に起こる出来事を自ら決定し、行動をしっかり管理していくのです。

人生は、時間のもつ大きな価値に気づくところから、開けていきます。

「2割の優先事項」から「8割の成果」が生まれる

1897年にイタリアの経済学者ヴィルフレド・パレートが提唱した「パレートの法則」は、80対20の法則として有名です。

これは、もともと社会の所得分布についてなされた研究で、所得は社会を構成する一部の富裕層に集中していることを示したものでした。それが、世の中で起きている多くの事柄の8割は、全体を構成する2割の要素によって決定されている。たとえば会社の売上の8割は2割の社員に依存している、ということを説明するのに用いられるようになりました。

同様に、成果の80％も20％の優先事項によって決定されます。

この法則を、人生にもあてはめるのです。

物事には、報われる努力と報われない努力があることはいうまでもありません。成功者と呼ばれる人たちは、努力が報われる部分に集中し、なすべきことをしっかり行ったから、

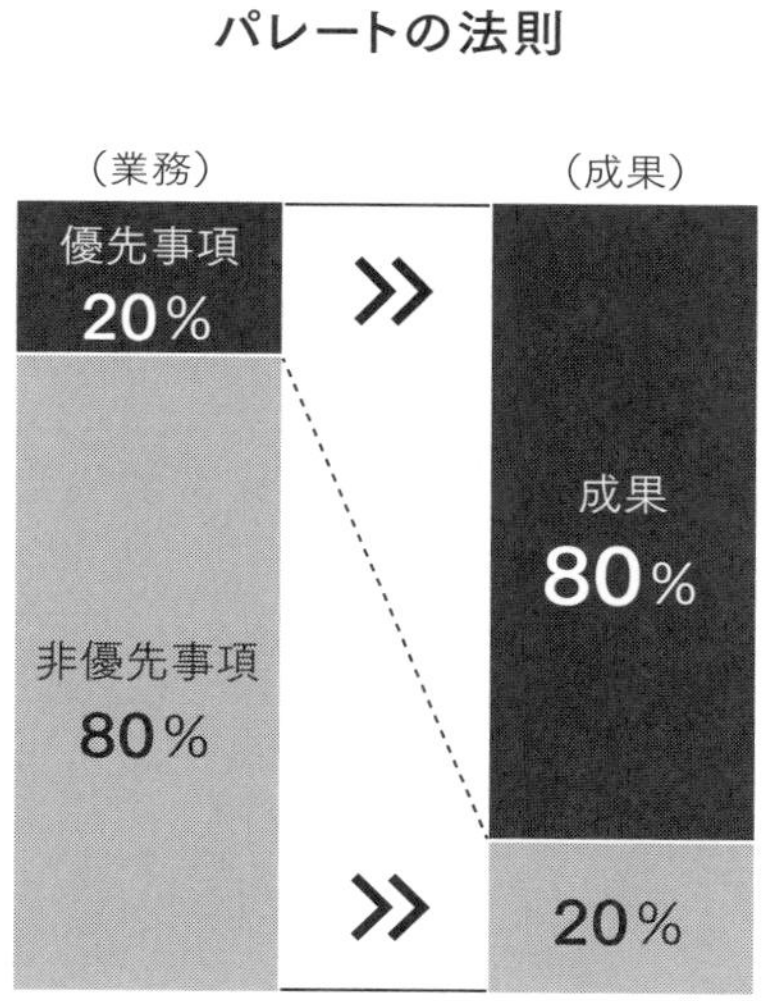

大きな成果を成し遂げ、求めるものを手に入れることができたのです。

その、努力が報われる部分にあたるものが、2割の優先事項です。2割の優先事項を着実に実行し、8割の成果を手に入れる。それが正しい選択なのです。

努力よりも正しい選択を優先する。これが極めてシンプルなポイントです。

たとえば、和食料理店のオーナーシェフにとって、2割の優先事項とは何でしょうか。厳しい競争に勝つために、自身の技術の研鑽はもちろん、魅力あるメニューの開発から店舗づくり、スタッフの育成、店舗の宣伝まで、やるべきことは山積《さんせき》しています。

実は、プロの料理人の多くが重視しているのは、素材の仕入れだといいます。素材の新鮮さや良し悪しを見極める目を養い、確かな素材を仕入れるルートを開拓することが、2割の優先事項なのです。

米や野菜、肉や魚などの食材なら産地を歩いて生産者と触れ合い、お酒なら蔵元を訪ね歩いて信頼関係を築きながら、人脈を広げる。

魅力あるメニューの開発も、厳選された素材と切り離すことはできないのでしょう。

このように2割の優先事項が、店舗経営における成功の8割を左右します。

同じことが、企業の営業活動や人材採用についても当てはまります。

たとえば営業担当者が目標を達成するうえで、訪問件数を増やすことは大切です。でも、単に多くのお客様にアプローチをすればいいわけではありません。

自社の商品やサービスに興味関心をもち、購入の可能性がある見込み客をいかに開拓するかのほうが重要で、それが営業活動における2割の優先事項にあたります。

また、よい人材に対する投資は、会社の未来を決定する重要な要素であり、人材の採用と育成は企業経営に欠かすことのできない2割の優先事項です。

仕事についてもプライベートについても、自らがつくり出したい成果を上げるために必要な2割の優先事項は何かを常に考え、着実に実行することが大切です。

「第2象限」を制する者が人生の勝利者になる

そこで学んでいただきたいのが、物事に優先順位をつけて実行し、成果をつくり出す技術であるプライオリティマネジメントです。

重要度と緊急度を軸にして、マトリックスを描いてみます。マトリックスの左上の部分を第1象限といい、「重要であり、なおかつ緊急なこと」がここに分類されます。

右上の部分が第2象限で、ここにくるのは「重要だが、緊急ではないこと」です。そして、左下の第3象限には「重要ではないが、緊急なこと」、右下の第4象限には「重要でも、緊急でもないこと」が分類されます。

アイゼンハワー元米大統領はかつて、こう語っていました。

「重要なことが緊急であることはほとんどなく、
緊急であることが重要であることもほとんどない」
(What is important seldom urgent, and what is urgent seldom important)

プライオリティマネジメント

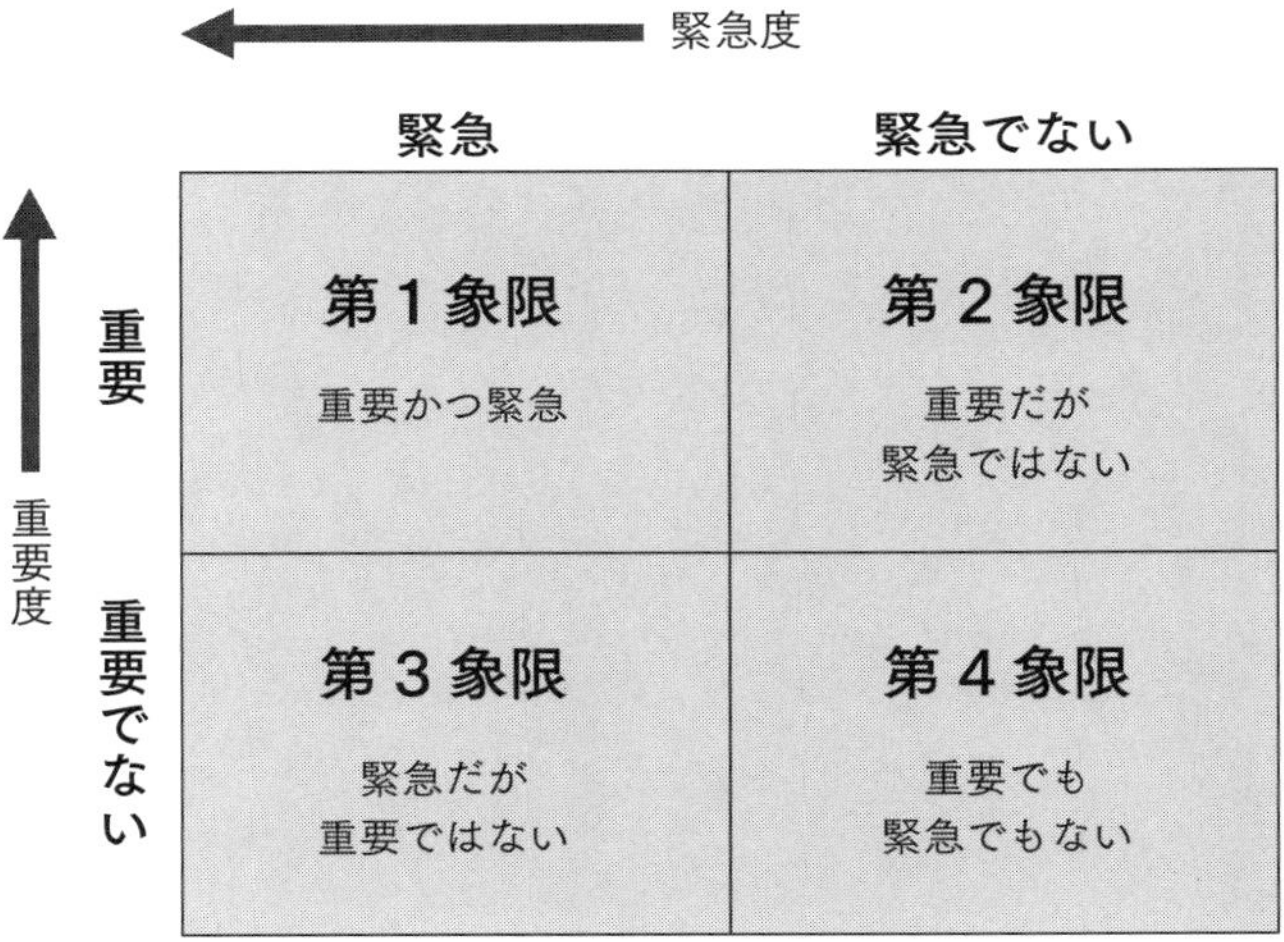

「緊急度の低い最重要なこと」をおろそかにし、「重要度が低い緊急なこと」などに目を奪われ、数多くのミスを犯していることを戒《いまし》めているのでしょう。

「緊急であり、なおかつ重要なこと」が大事なことは、誰の目にも明らかです。ところが緊急度が低いという理由で、多忙な中で「最重要だが、緊急ではないこと」が後回しにされ、気がついたときには手遅れになっていることもあります。

その意味でも、この第2象限の「重要だが、緊急ではないこと」が何かを明確にし、しっかりと計画を立てて実行することが大切です。

「未来創造の時間《プライムタイム》®」を確保する

ともすれば、私たちは日々の忙しさの中で、仕事をこなすことに集中するあまり、考えることを後回しにしがちです。

自然界の出来事以外はすべて、人間の思考がつくり出したものであり、人生も未来も、自分の思考がつくり出すのです。

「思考は現実化する」という言葉の通り、強く念じ、求め続けたことは必ず成就します。

でも、考えることをおろそかにしていたら、望む未来は実現しません。

人は、楽なほうに流されていく習性があるので、とくに注意が必要です。事前に計画を立て、優先順位をつけて実行するより、思いつきで行動するほうが楽なのです。

だからこそ、常に考え続け、思考を絶やさないことが大事です。

その思考とは、未来に対する予測・予知・予見です。

仕事にしろプライベートにしろ、これから先にどんなことが起こる可能性があるのかを予測・予知・予見し、事前に打てる手を打つ。これが、不確実な未来に向き合う私たちにとって、最善の選択です。

事後対応に追われないように、常に事前対応を心がけるのです。

日々の実践の中で、まずやるべきは、朝起きたら一日の行動計画を立てること。

目的・目標の達成という視点から、その日にやるべきことを整理し、優先順位をつけて、それらに取り組む時間を確保する。そして、それらを確実に実行するのです。

中でも、第2象限を最優先し、実行する時間を確保することが重要です。

世の中には、数多くの「重要ではないこと」と数少ない「大切なこと」が存在しています。この数少ない「大切なこと」を大切にし、いかに実行するかが成功の秘訣です。

そのために重要なことが、プライムタイム、すなわち「未来を創造するための時間」を確保すること。仕事や家庭から離れて一人になり、未来を創るために思考を重ねることに集中する孤高の時間、それがプライムタイムです。

人生はもちろん、会社をこれからどうしていくのかなどをひたすら考え、5年後、10年後、20年後を見据えた戦略を練るのです。

2割の優先事項、第2象限、そしてプライムタイムを常に意識し、未来を管理下に置くことが重要です。

人生は、未来に起こりうる出来事を、どれだけ自分の管理下におけるかどうかにかかっています。

問い

達成の鍵を考える

あなたにとって、成果を生み出す
トップ２割の優先事項は何ですか。

あなたにとって、
第２象限（緊急ではないが重要なこと）は
何をすることですか。

戦う前に勝つシナリオを書く

原則8　協力者をつくる

「三人寄れば文殊の知恵」（凡人でも３人集まって相談すれば、素晴らしい知恵が出る）

「千人心を同じうすれば則《すなわ》ち千人の力を得《う》」

（千人が心を合わせれば、千人の力が得られる）

「衆力功《しゅうりきこう》あり」（多くの人の力を合わせれば、物事はうまくいく）

あるいは、戦国武将の毛利元就《もとなり》が息子の隆元《たかもと》・元春・隆景《たかかげ》に、「矢は１本では簡単に折れるが３本を合わせれば折れにくい、だから一族ともに力を合わせよ」と教えたと伝えられる「三本の矢」の逸話。このように古くから、人々が力を合わせれば大きな力を発揮できることを示した言葉が、数多く伝えられています。英語には、

「Two heads are better than one」（２つの頭脳は１つに勝る）

ということわざがあり、中国語にも

「众人拾柴火焰高《ジョンレンシイチャイフォイエンガオ》」（大勢で薪を拾えばたき火の炎は高くなる）

という言葉があります。

一日24時間、一年365日、限られた時間の中で、できることは限られています。

しかし、一人ではできないことでも、多くの人が力を合わせれば成し遂げられるということは、時代や国によらず、人類共通の知恵なのでしょう。

「千人心を同じうすれば則《すなわ》ち千人の力を得《う》」という言葉は、中国・前漢時代の『淮南子《えなんじ》』という書物が出典ですが、このあとに「万人《まんにん》心を異《こと》にすれば、則ち一人《いちにん》の用無し」と続きます。つまり、一万人の大軍でも、心が通っていなければ、一人分の役にも立たないというのです。

単に人が集まるだけでは、一人の力にも及ばない。だから、お互いに心が通い合う本当の協力者をつくらなければいけないということです。

本章では、協力者をどうつくり、力を借りるかについて学びます。

自分よりも優れた能力をもつ人の力を借りる

「自分の人生に明確な目的・目標をもち、その人の成功が自分の成功になる人」のことを、パワーパートナーと呼んでいます。

パワーパートナーは、Ｗｉｎ－Ｗｉｎの関係にある人で、お互いがお互いの願望を叶えることを自らの願望とする関係が築かれています。

共通の目的、共通の目標、共通の価値観をもつ人、すなわちパワーパートナーによって構成されている組織こそ、真の人間集団だといえるでしょう。

たとえば、お客様、よき協力者である同僚や上司、取引先、ブレーン。プライベートでは配偶者や友人などが、パワーパートナーの典型です。

パワーパートナーの力を借りることで、自分の力だけでは到底及ばない大きな成功を成し遂げることができるのです。

鉄鋼王として有名なアメリカの実業家、アンドリュー・カーネギー氏は、スコットランド移民で紡績工から身を起こし、巨万の富を得ました。

「音楽の殿堂」として名高いカーネギーホールやカーネギー財団をはじめとする慈善事業でも知られる彼の成功は、数多くの協力者の存在によって支えられていたのです。

カーネギー氏は綿績工場で糸巻などの仕事をしたあと、電信局の配達員となり、その後優れた通信技手として活躍するようになります。

まもなくカーネギー氏は、ペンシルバニア鉄道会社の監督としてピッツバーグに赴任したトマス・A・スコット氏に誘われ、彼の秘書兼通信士として同社に入社。スコット氏はカーネギー氏にとって心から尊敬でき、「この人のために」と思える上司でした。

スコット氏が同社の副社長に昇進すると、カーネギー氏は彼の代わりにピッツバーグの責任者に抜擢されます。

その後、投資で得た利益とこれまで培ってきた信用を元手に、カーネギー氏は製鉄業に投資を始めます。１８２１年にキーストン橋梁製作所のほか、製鉄所を複数設立。

1865年に鉄道会社を辞めたあと、カーネギー氏は1867年にユニオン鉄工所を設立し、製鉄業に専念します。

カーネギー氏は退職後も、もっとも尊敬していた同鉄道会社のエドガー・トムソン社長などの経営陣と親交をもち続けていました。そのトムソン社長などが協力者となり、カーネギー氏は1873年に、最新の製鋼技術で鉄道レールの製造を行うエドガー・トムソン製鋼会社を設立しています。同社の事業を拡大統合し1889年に設立されたカーネギー製鋼会社が大きな成長を遂げたことで、彼は鉄鋼王として知られるようになったのです。

カーネギー氏の成功は常に、よき協力者によって支えられていました。

彼の墓碑には、

「己よりも優れた者と共に働く技をもつ者ここに眠る」

と記されているそうです。

カーネギーが、自身の生涯をかけて導き出した成功の法則は、「己よりも優れた者と共に働く技」を磨くことだったといえるでしょう。

自分が成し遂げたいと思っていることを、より早く確実に実現するには、自分にはない高い能力をもつ人の協力を得ることです。

他の人がもっている高い能力や資源を、自分の能力や資源として活用するのです。

相手の望みを叶えることを、自分の望みとする

パワーパートナーから協力を得るには、まず、自分がパワーパートナーのために最大最善の協力をすることです。そのうえで、パワーパートナーに対して最大最善の協力を求めるのです。

パワーパートナーと一貫してＷｉｎ－Ｗｉｎの関係であり続けるためには、相手に貢献し続けることが大事です。

まず、パワーパートナーとしての関係を構築したい相手に喜んでもらうこと。

そのためには、相手は何を望んでいるのか、何をすれば相手が喜んでくれるのかを、いつも考え行動することです。

いい換えれば、相手の望みを叶えることを自分の望みとする。バイブルの言葉でいえば「己の欲することを人にも施せ」ということになるでしょう。

「この人は私のことをいつも思いやってくれている」と感じてもらえるようになったとき、相手は心を開いてくれるようになります。

その相手が上司なら、「この部下は信頼できる」、「裏切らない」、「だから目をかけてやろう」と思ってくれるようになるのです。

豊臣秀吉が、主人の織田信長に気に入られ、与えられた仕事で着実に成果を上げながら出世を重ね、天下人になった話はよく知られています。

秀吉が信長に仕えて間もない頃、彼は主人の草履をもってお供をする草履取《ぞうりとり》をしていました。ある雪の日の夜、信長が下駄を履くと温かかったので、「お前は下駄に座っていたな、不届きだ」といって秀吉を杖で打ちました。

ところが秀吉は「腰掛けておりません」といったので、信長はますます腹を立て、「嘘をいう者は成敗してくれよう」と怒りをあらわにします。

それでも秀吉は「腰掛けておりません」と譲りません。信長は「下駄が温かくなっているのが証拠だ」とさらに問い詰めます。

すると秀吉は、「寒い夜なので足が冷たくなっているだろうと思い、下駄を背中に入れて温めていたのです」と話しました。

「その証拠は」と問われたので、着物を脱いで見せると、背中に鼻緒のあとがくっきりとついていました。

さすがの信長も秀吉の忠義の心、誠実さに感じ入り、秀吉を草履取の頭《かしら》にしたということです。

その後、秀吉は信長から普請奉行に任じられ、なかなか進まなかった清洲城《きよすじよう》の城壁修理を見事にやり遂げ、成功への階段を駆け上っていくことになります。

「この人は嘘をつかない、自分を裏切らない信用に足る人物だ」という信頼感を相手がもつようになったとき、私たちはパワーパートナーの力を借り、一人ではとても実現不可能な目的・目標の成就に向けて、一歩を踏み出すことができるようになるのです。

利他の心に生き、誠実であること

先にも述べたように、相手の望みを叶えることを自分の望みとすること、己の欲することを人にも施すことは、パワーパートナーの力を借りるうえで、大切な観点です。

これらを突き詰めれば、バイブルの黄金律に通じます。

黄金律とは、

「人々からしてほしいと望む通りのことを他の人々にもそのようにせよ」

(マタイ伝・第7章・12節)

ということです。

相手が欲するものを与え、その結果として、自分が求めるものを手に入れる。

これが、人としての道であり、パワーパートナーを得るうえで不可欠な姿勢だということになります。

とはいえ、相手が欲するものを与えることを、見返りを期待し、打算として行うのではありません。あくまで、自分が相手に与えることは一方通行。「Give and take」ではなく「Give and give」の心をもつことが大切です。

相手に一方的に与えることは、無償の愛に通じます。何の見返りも求めず、ただ人を思いやり、大切に思う気持ち。そういう心が自然に湧いてくる、人としてのあり方が重要です。だから、やり方を学ぶより、まず相手のためを思い、利他の心にしたがって生きるあり方を確立しなければなりません。

相手のためを思い、利他の心にしたがって生きる心のあり方の持ち主は、相手の立場に立ち、「何をしてあげたら喜んでくれるだろうか」と考えて行動します。

会話の中での質問も相手の立場に立って行われるので、コミュニケーションの質がおのずと高まります。相手は、あなたの言葉や聞く姿勢に深い配慮や気配り、思いやりを感じ取り、信頼感を高めていくでしょう。

そうした中で、相手は自身の承認・達成の欲求、いい換えれば「5つの基本的欲求」の中の「力の欲求」を充足させ、あなたは相手の願望の中に入る存在になります。

この人と一緒にいると心地よい。この人は私が大切にしているものを尊重してくれている。私が価値を認めているものを受け入れてくれている。

そして自分も、この人が大切にしているものを大切だと思うことができる。

この人は誠実で、私の人生の質を高めてくれる人なのだ、と。

その意味で、パワーパートナーを増やし、力を借りることができる人は、誠実な人だといえます。

約束を守り、いったことは必ず実行する。相手から何かをしてもらったら、必ずお礼の手紙を出す。そういった所作や立ち振る舞いをとおして、「この人は信頼に値する人物だ」と相手が感じてくれるから、その人とパワーパートナーとしての関係を構築できるのです。

パワーパートナーは個人に限りません。組織、集団、会社もパワーパートナーになります。ある企業が業界でナンバーワンを目指し、業界で求められるありとあらゆる専門知識を社員と学び、業界ナンバーワンの専門知識を身につける。その知識をもとにお客様に尽くし、貢献できる人間集団になったとき、その企業はお客様にとってのパワーパートナーになっているはずです。

目的・目標を本気で成し遂げたいと強く思い続け、多くのパワーパートナーの力を借りるに十分な人間的特性を身につけたとき、あなたは大きな成果を上げることができるようになります。

人生の質は、パワーパートナーの質と量で決定されるのです。

問い

協力者をつくる

ビジョンを達成するうえで、
さらにパワーパートナーにしたい人は誰ですか。

パワーパートナーをつくるために、
何に取り組みますか。

成功の秘訣は、
自分には無い能力で、
他の人がもっている能力を、
自分の能力として
活用できることである

原則9　責任に生きる

死を目前にした人たちが、後悔していることでもっとも多いのは、「自分に正直に生きることができなかった」ということです。

緩和ケアの介護者として、数多くの患者の死に立ち会ってきたオーストラリアの作家・講演家のブロニー・ウェア氏の著書『死ぬ瞬間の5つの後悔』（新潮社）に、こんな記述があります。

第1の後悔「他の人が私に期待するように生きるのではなく、自分自身に正直に生きる勇気をもてていたらよかった」

同書にはこのほかに、人が死を目前に後悔することが多い事柄として、次の4つが挙げられています。

第2の後悔「一生懸命に働きすぎなければよかった」
第3の後悔「勇気をもって自分の気持ちを伝えればよかった」
第4の後悔「友人と連絡を取り続ければよかった」

第5の後悔「幸せをあきらめなければよかった」

本当は、なりたいものや手に入れたいものがあるのに、他人に「それは無理だ」といわれたり、なんとなく「難しそうだ」と自身で決めつけてしまうことがよくあります。死を目前に控えた人たちは、まさにそれを悔やんでいるのです。

人生の中で、私たちはさまざまな選択を行い、生きています。ところが、自分の選択に後悔している人もいる一方、自らの選択に納得している人たちもいます。その違いは、どこから生じているのでしょうか。

それは、自分の人生は、自らの選択によって築き上げるものだという責任感をもてるかどうかにあります。

本章では、心の底から納得のいく人生を送る選択をし、「責任に生きる」にはどうすればよいのかを考えます。

自分の思考と行動をコントロールできるのは自分だけ

冒頭でも紹介した、選択理論の主張は非常に明快です。それは、自らの人生をコントロールできるのは自分だけだということです。

他のどんな人であろうとも、私たちの心を支配することはできません。

人生は、思考と行為の選択の質によって決まります。その選択は自分自身が行うものであり、他の誰かが無理矢理させているのではないのです。

あなたは、あなたの心の支配者であり、あなたは自らの思考と行為を選択できる、唯一の人間です。

そして、あなたは他の人の思考と行動をコントロールすることもできません。

従来の心理学では、刺激－反応理論といって、人間の行動は外部からの刺激に反応することで起こる（外的コントロール）と考えられていました。

外的コントロールは選択理論と相反する考え方です。選択理論では、人間の行動は内側から動機づけられて起こる（内的コントロール）と考えます。

外的コントロール

内的コントロール

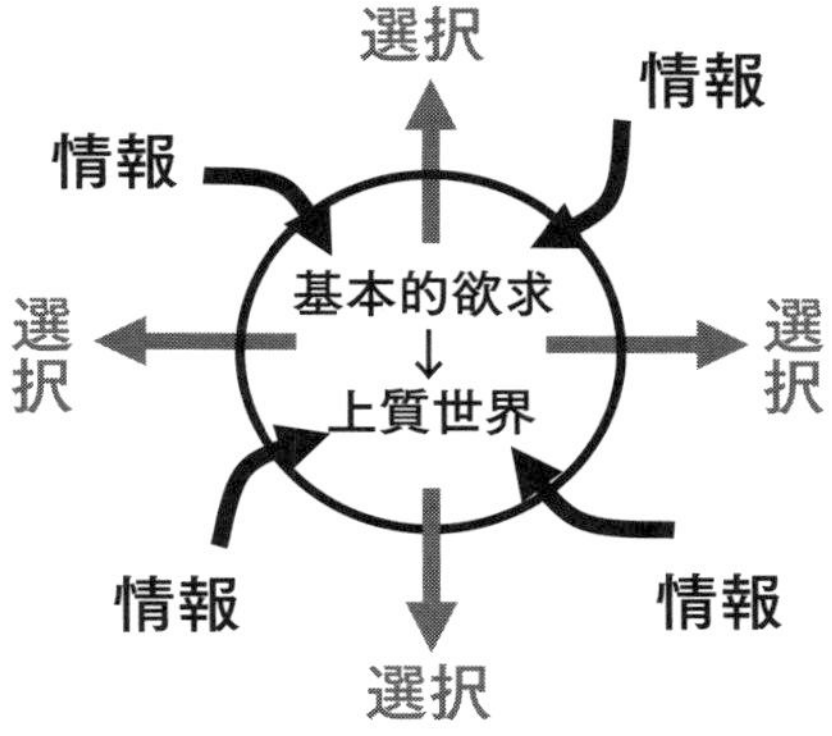

身の回りに起きている、あらゆる現象は情報にすぎません。人はその情報をもとに、その時々で最善だと思われる行動を内発的に選択しているのです。

人間が行動するのは、欲求を満たすためです。欲求を満たすために行動を選択するのです。

原則5で学んだように、上質世界とは、5つの基本的欲求の1つ以上を強く満たすイメージ写真がたくさん貼り付けられている記憶の世界です。

上質世界は人によってまちまちですが、共通している要素は次の3つです。

●私たちがともにいたいと思う人
●私たちがもっとも所有したい、経験したいと思うもの
●私たちの行動の多くを支配している考え、信条

人は、それらのイメージ写真を現実の世界で手に入れ、基本的欲求を満たそうとして行動しているのです。

たとえば、家族や恋人、親しい友人といった、ともにいたいと思う人と一緒に時間を過

ごすことができれば欲求が満たされます。

上質世界には、個人の過去と現在の経験をとおしてイメージ写真が蓄積されていますが、「将来こうなりたい」という未来のイメージ写真も上質世界に貼り付けられます。

自分が将来あるべき理想の姿である人生ビジョンも、それを手に入れることで基本的欲求が満たされるイメージ写真として、上質世界に入るのです。

幕末長州藩の志士、吉田松陰は「立志、択友《たくゆう》、読書」という言葉を残しました。志を立て、友を選び、よく書物を読むということです。

吉田松陰は、幕末の長州藩で私塾・松下村塾を主宰し、高杉晋作や伊藤博文、山縣有朋《やまがたありとも》をはじめ、明治維新を主導し、新しい日本をつくることに力を尽くした多くの人材を輩出しました。

吉田松陰は、武士としての心構えを文章にまとめ、元服を迎えた従弟に贈っていますが、その中にこんな一節があります。

「志を立てることはすべての源となる。
親しく付き合う人を選ぶことは、
人の守るべき道である仁（思いやり）と
義（道理）を大切にする生き方の助けとなる。
書を読み立派な人たちの教えに学んで思索を巡らせ、
自分の生き方に活かす」
（士規七則《しきしちそく》）

この吉田松陰の言葉には、選択理論とも大きく重なる部分があります。

第1に、志は「すべての源」だといっているように、人は志を立てることによって、選択の質が変わります。たとえば自分は「縁ある人を幸せにする」という志をもつことで、それにふさわしい思考や行動を選択するようになるということです。

第2に、順番は異なりますが、読書をすることで多様な情報が頭に入るので、「将来こうなりたい」という理想の姿や、自分のできることとできないことがより明確になり、思考が拡張していきます。

そして第3に、交友を選ぶということですが、志の高い人と交際し切磋琢磨することで、人として守るべき道に生き、より豊かな人生を送ることができます。

その意味でこの言葉は、自分の思考と行動をコントロールしていくうえでも、大きな気づきを与えてくれるでしょう。

自分の人生の舵を取る責任

他人をコントロールすることはできません。情報をもとに考え、行動を選択できるのは自分だけです。

その意味で、自分自身の選択の結果、実現する人生に対して、どれだけ責任をもてるかが問われているということになります。

人生の舵は自分で取るものであって、他人に舵を渡してはなりません。これは、一回限りのかけがえのない人生を、いかに生きるかということに対する責任でもあります。

さらに、選択理論心理学の提唱者、ウイリアム・グラッサー博士は、

「私たちは他人を助けることはできるが、他人の欲求を満たすことはできない。

社会生活において、自らの欲求を自ら満たすことは、私たち一人ひとりの責任である」

と述べています。

それは、自分の思考と行動を選択することは自由でも、他の人の欲求の充足を妨げてはならないということです。

自分の基本的欲求を満たすために、他の人が欲求を充足させることを邪魔するような行動を選択してはなりません。

逆に、他の人の欲求充足を手助けしながら、自分の欲求を満たしていくことが、望ましいあり方だといえるでしょう。

それは、「相手の望みを叶えることを自分の望みとする」という考え方や、「人々からしてほしいと望む通りのことを他の人々にもそのようにせよ」という、バイブルの黄金律の通りです。

コントロールできることを管理下に置く

人生の舵を取るためのポイントは、コントロールできるものとできないものを明確に区分し、コントロールできるものにフォーカスして日々実践することです。

私たちは知らず知らずのうちに、コントロールできないものをコントロールできると勘違いし、多大なエネルギーを浪費していることがあります。

そこでまず、コントロールできることとできないことを整理します。

●自分でコントロールできること
……自分の考え、自分の行動、自分の発言
●自分にはコントロールできないこと
……他人の考え、他人の行動、他人の発言、過去に起きたこと、景気などの環境
●立場によっては変えられること（一般的には変えにくい）

……会社のルール、配属

大まかにいえば、他人と過去は変えられないが、自分自身と未来は変えられるということです。

たとえば「自分は他人からどう思われているか」という他人の評価、あるいは「あのとき自分はなぜあんなことをいってしまったのだろう。こうすればよかったのに」という過去の出来事は、コントロールできません。

したがって、他人の評価やコントロールができない過去の出来事にばかりフォーカスしている人は、コントロールを失っているといえるでしょう。

まず頭に入れておきたいのは、物事は、

①自分ではコントロールできると思っていても、コントロールできない領域
②自分ではコントロールできると思っていて、コントロールしていない領域
③自分ではコントロールできると思っていて、コントロールできる領域

④自分ではコントロールできないと思っていて、実際にはコントロールできる領域
⑤自分ではコントロールできないと思っていて、実際にコントロールできない領域

に分類されるということです。

先に述べた、自分がコントロールできないものをコントロールできると勘違いし、多大なエネルギーを浪費している状態は、①にあてはまります。

また、先の例でいえば、他人の評価や過去の出来事は⑤の典型。また、非現実的で高すぎる目標も⑤に分類されますが、これらは最初に意識から除外すべきでしょう。

逆に、フォーカスすべきポイントは、②の「自分ではコントロールできると思っていて、実際にはコントロールできる領域」や④の「自分ではコントロールできないと思っていて、実際にはコントロールできる領域」です。

今、②と④に分類されている事柄を③の領域に入れ、そこに全力を尽くしてコントロー

ルできることを増大するのです。②と④に分類されている事柄を、トレーニングをとおしていかに③の領域に入れていくかが、能力開発の大きなポイントになります。

自分の生き方を振り返り改善を重ねる

フォーカスすべきポイントがわかったら、今度は求めているものに対して、効果的な時間やお金の使い方ができているかどうかを考えていきます。

人生の舵を取るということは、納得のいく行動を自ら選択し続けていくことだといえます。そのためには、理想とする姿を常に確認し、そこから一貫した行動を選択することが大切です。

そのための具体的な手法がセルフカウンセリングです。

セルフカウンセリングとは、

①私は何を求めているのか？
私にとって一番大切なものは何か？

私が本当に求めているものは？
②そのために「今」何をしているのか？（時間とお金の使い方をチェック）
③その行動は私の求めているものを手に入れるのに効果的か？
④もっとよい方法を考え出し、実行してみよう

ということを自らに問いかけ、考え続けることです。

無意識のうちに、求めているものとはかけ離れた行動をしていることがよくあります。だから、シンプルではありますが、「私にとって一番大切なものは何か？」、「私が本当に求めているものは？」をはじめとする問いかけを、毎日朝昼晩、繰り返すことに大きな意義があるのです。

自分自身に常に問いかけ、理想の姿を確認し、行動を振り返ることで、本当に大切なものを大切にするという一貫性をとおした生き方ができるようになります。

たとえば、経済的な豊かさや事業の発展を求めて一生懸命に働いてはいたものの、社員や家族に強く当たってしまい、社員との関係も家族関係も悪化してしまった経営者の方がいました。

その方は、セルフカウンセリングを重ねる中で、本当に求めているのは家族や社員を笑顔にすること、そしてそれが、一生懸命働く理由なのだということに気づき、選択理論をベースにした関わりを続けた結果、社員とも家族とも関係が回復したのみならず、業績も向上されました。

ビジネスだけでなくプライベートでも、「私にとって一番大切なもの」や「私が本当に求めているもの」に対して効果的な時間とお金の使い方ができているのかどうか。

それを、セルフカウンセリングをとおして常に自分自身に問いかけ、愛する人の望みを叶えることを自らの望みとするような関わり方を心がけていく。

そうすれば、仕事もプライベートの生活もよりよいものになるはずです。

これが、幸せな人生を生きる秘訣であり、自分が選択した人生に対する大きな責任でもあるのです。

問い

人生の舵を取る

あなたが目標を達成するうえで、
コントロールできることは何ですか。

あなたが目標を達成するうえで、
コントロールできないことは何ですか。

できることと
できないことを区分し、
できることに全力投球する

原則10　自己概念を高める

「スターになりたい――」

大学を中退した彼女は、35ドルを握りしめて家を出て、ニューヨークに旅立ちました。

レストランで働きながらダンスのレッスンを受け、何度もオーディションに挑戦しますが、落選を続けます。

レッスンを終えたあとはアルバイトに明け暮れ、ゴミ箱に捨てられたハンバーガーを食べて空腹をしのいだこともあったそうです。

それでも彼女は、「私はスターにふさわしい」と信じて疑うことはありませんでした。

デモテープをもってディスコを回り、ヒット曲を求めてディスコを訪れるレコード会社の人たちに、売り込みを続ける日が続きました。

そして、家を出てから5年後、彼女はそのデモテープをきっかけに、ワーナー・ブラザース傘下のレコード会社と契約し、見事にメジャー・デビューを飾ります。

ファースト・アルバムは全世界で900万枚以上の大ヒットを記録。

これが「クイーン・オブ・ポップ」と呼ばれる大スター、マドンナの誕生でした。

偉業を成し遂げる人は、いつも肯定的な自己概念をもっています。

自己概念をしっかりもっている人は、逆境や困難に遭っても、自分の可能性を一点の曇りなく信じ、願望の実現に向けて前に進むことをあきらめません。

自己概念が高い人は、自分の考えや存在価値を肯定的に評価することができるので、他人の評価に左右されることなく、自ら信じた道を歩み続けることができます。

また、他の人の考え方や存在価値も肯定的に評価し、受容することができるので、多くの人とよい人間関係を築くことができます。

その意味で、自己概念とは、願望を成就させるための土台だといってもいいでしょう。

本章では、自己概念を高めるための方法について学びます。

願望成就の土台となる自己概念

自己概念とは心理学の用語で、

「自分がどんな人間かについて抱いている考え」

（『日本国語大辞典』小学館）

です。

つまり自己概念とは、自分自身のことをどうみているのかという、一つの主観です。
たとえば、「私は目的に生きている」、「私はこれを成し遂げるのにふさわしい人物だ」というように、人は自分に対するさまざまな主観をもっています。
人間はこの主観、すなわち自己概念にしたがって思考し、行動するのです。
いい方を換えれば、自己概念は自分自身の「司令塔」であり、私たちはこの自己概念以上の存在にはなりません。

もし、「私は偉大な成果を遺す人間だ」という自己概念をもっていれば、その人生を歩みます。一方、「私は駄目な人間だ」、「こんな生い立ちだから成功できるはずがない」という自己概念をもっていれば、そのことを証明する人生を生きていくでしょう。

自己概念が自分自身の願望に向き合う姿勢を決定し、その姿勢にもとづく実践によって、目的・目標をどれだけ達成できたかというパフォーマンスが決まります。その結果、役職や地位などのポジション、報酬額なども決まっていくのです。

また、どんな配偶者や友人を選択し、どんなライフスタイルを送るかということも、自己概念によって決定されています。

いわば、私たちは自己概念に合った暮らし向きを自ら選択しているのです。

ここで、大切なことは自己概念とはあくまでも主観であり、「単なる思い込み」であるということです。

ですから、自己概念は後天的に高めることができるのです。

過去を完了し、現在と未来に焦点を当てる

人は今に生きているのであって、過去に生きているのではありません。私たちが行っていることは、今この瞬間に次々と過去のものになっています。過去をどう捉えるかによって、現在と未来の姿が決まります。

そこで、まずなすべきは「過去を完了する」ことです。

完了することと終了することは、根本的に異なります。終了とは何かが事実として終わっていること。完了とは、それが実際に終わっていても終わっていなくても、思考の中で、「それはもうそれでよい」と決着がついている状態です。

すでに事実としては終了しているのに、それが自分の思考の中で未完了のままになっていることが、さまざまな問題を引き起こすのです。

過去の出来事に対する否定的な解釈には、さまざまなものがあります。

たとえば、「こんな生い立ちだから成功できるはずがない」と考える人や、「あのとき失敗した自分は価値がない存在だ」と考え、挑戦することをあきらめてしまっている人。あるいは「私はあの人をどうしても許せない」という、頑なな姿勢も、否定的な解釈に入るでしょう。

過去に対するネガティブな解釈は、多かれ少なかれ自己概念にマイナスの影響を及ぼします。

ですから、高い自己概念を形成するには、まず過去の出来事に対する否定的な解釈を手放し、過去を完了し、現在と未来に焦点を当てることができるかどうかが鍵になるのです。

自己概念を形成する

自己概念は、自己愛（自尊心）、つまり自分を愛する心、自分を価値ある存在として大切にする心から生まれます。

では、どうすれば自己愛を高めることができるのでしょうか。

ポイントの一つは、これまでの人生の中でお世話になった人や、自分を心の底から信じてくれた人の存在に目を向けてみることです。

当社の創業者である青木は、17歳で社会に出た頃、自己概念は底辺で、まったく自信がなかったといいます。しかし、青木が祖父に出した一通のハガキを頼りに、生みの母が、八王子中の鉄工所を訪ね歩き、数か月かけて青木を探し出し再会したとき、本当の意味で自己愛が芽生えたといいます。

人はこの世に生を受けて以来、たくさんの人々の愛の力によって育まれ、生かされています。人からこれまで受けてきた愛情に気づくことは、自己愛を育むうえで非常に重要な観点です。

さらにいえば、家族や親しい人々のため、お客様のため、仲間のため、そして縁ある人を幸せにするために、利他に生きることで、愛の力を活かすことができます。

ここでいう愛は、求める愛ではなく、無条件に与える愛です。

愛を求める人生から、愛を与える人生にシフトすることが、よりよい人生を生きていくための大きなポイントなのです。

そして、自己概念を高めるには、毎日理想の自己像に向かって一貫した生き方をしていくことが一番です。毎日小さな達成を積み重ね、理想に近づいていくことで、自己概念を高めることができるのです。

最後に、自己概念を高める具体的なアイデアをお伝えします。

自己概念を高める20のアイデア

①外見を整える（小物、持ち物を良くする）
②体を清潔にする
③笑顔と賞賛を贈る人になる（肯定的なフィードバックの名人になる）
④いつも周りの人に心配りをし、感謝を忘れない
⑤付き合う相手を慎重に選ぶ
⑥自分の長所を書き出したカードをつくる
⑦勝利リストをつくる（過去に成し遂げたことを書き込んだリストをつくる）
⑧悪い映画や本から身を避ける（読んだり観た後、自己嫌悪に陥るものには近づかない）
⑨失敗を乗り越えて、成功した人の体験談を聞いたり自伝を読む
⑩良い仲間をつくり貢献の人生を生きる（ありがとといってもらえる活動をする）
⑪アイコンタクトを大切にする
⑫自分に正直に生きる
⑬日々アファメーションを実践する

⑭仕事に対して、大義名分パワーをもって取り組む
⑮整理整頓を行う
⑯毎日の小さな成功を一つひとつ積み重ねる
⑰約束を守る
⑱成功者と付き合う（成功者には成功する原因がある）
⑲セミナーに参加する（教育は投資である）
⑳アチーブメントピラミッドの一貫性システムに沿って生きる
（人生の意味、目的から外れない）

問い

自己概念を高める

もし、何の制限もないとしたら
どのような自分になりたいですか。

高い自己概念をもち、理想の自分に
近づくためにできることは何ですか。

人間とは考え方の器そのもので、
それ以上でもそれ以下でもない

原則11　己に打ち克つ

まだ経験していないことや、実現させたことのない事柄に挑戦し、成し遂げるということは、小さな自己改革を起こし続けることと同義です。

ところが、現状を変えるために新たな行動を選択しようとするとき、利益と損失が生じます。

2017年にノーベル経済学賞を受賞したシカゴ大学ブース・スクール・オブ・ビジネスのリチャード・セイラー教授は、

「人は現状を変えることによって得られる利益よりも、失われるもののほうを重視する。そして損失を嫌うがゆえに、現状を維持しようとする」

という理論（授かり効果）を1980年に発表しました。

新たに行動することによって得られる利益が、損失を大きく上回るという見通しが立たない限り、人は行動を起こす必要を感じず、現状を維持しようとします。それが「現状維持バイアス」です。

さらに人間は、一度手に入れたものを手放すことに抵抗感を抱く習性(保有効果)ももっています。

ともすれば、何か新しいことに挑戦しようとするとき、失敗やリスクを恐れて行動することをためらってしまうのは、このためです。

ですから、人が何か変化を起こそうとするとき、「変化を避けよう」、「変わらないようにしよう」という方向に、人間の認知機能が働くことはある意味、当然です。

人間とは本能的に、変化を嫌う生き物だということなのです。

そうした中で、理想を描き、それを手に入れるために行動しようとするとき、どうすれば、現状に押しとどめようとする誘惑との戦いに勝ち、葛藤を乗り越えることができるのでしょうか。

本章では、「己に打ち克つ」ためにはどうしたらいいのかを学びます。

弱さよりも行動に焦点を当てる

人には誰にも弱さがあります。

「周りはそこまで頑張っていないのだから、自分も少し手を抜いてもよいかもしれない」と考えたり、難しい仕事を任されたとき、プレッシャーのあまりの大きさに、「できなかったらどうしよう。いっそのこと逃げてしまいたい」と、恐れの感情を抱くこともあるかもしれません。

しかし、常に物事を成し遂げることができる人は、弱さを感じたときほど、行動に焦点を当てています。

たとえば、「今日くらい、少し手を抜いても……」という気持ちが出てきたとき、仕事の基準の高い人とランチの予定を入れてみるのです。そしてその人に、どのような思いで仕事をしているのかを聞いているうちに、やっぱり自分ももっと頑張ってみようという前向きな気持ちが湧き上がってくることでしょう。

あるいは人間関係がうまくいっていないとき、あえて笑顔で「おはよう」と声をかけたり、誕生日や記念日に花を贈り、お世話になったことを思い浮かべて感謝を伝えたりしてみることです。

確かに今、その人との関係はうまくいっていないかもしれません。

しかし、このときにネガティブな感情に流されず、相手への感謝を口に出すという行動に焦点を当てるのです。

ある意味、人生というものは、自分の弱さとの戦いであり、「葛藤の海」を渡っていく運命にあるのかもしれません。

だからこそ、葛藤の海を泳ぎ、渡り切る技術を身につけなければなりません。

その鍵は、行動にフォーカスをすることです。

願望の力で、悪い習慣をよい習慣に変える

わかっているけれど、深酒をしてしまう。

わかっているけれど、朝早く起きられない。

わかっているけれど、ギャンブルをやめられない。


これらはすべて、本当に求めているものを手に入れるうえで、まったく「効果的ではない」行動です。

実際、悪しき習慣を断つことができず、どうすれば効果的な行動を選択することができるのかと、悩んでいる人も数多くいます。


それに対する答えはシンプルです。

悪しき習慣のもとになる、誘惑に勝てる唯一の方法は、願望の力を使うこと。

願望は強く、意志は弱いのです。意志だけではなかなか変えられない思考や行動も、「こ

れを手に入れたい」、「こうなりたい」と強く思うことができれば、願望の力を使ってコントロールすることが可能です。

たとえば、家庭が冷え切っていて家に帰りたくない、だから、わかっているけれど、つい深酒をしてしまうというのもよくある話です。

でも、配偶者や家族との愛に満たされた生活を、本当に手に入れたいと願うなら、徐々にではあっても、行動をコントロールすることができるはずです。

すぐにお酒を飲みに行くのをやめることはできなくても、2時間なら2時間と時間を区切ってお酒を飲み、まっすぐ家に帰るということから始めてもいいでしょう。あるいは、尊敬する先輩や親しい友人、自分にとって成功のモデルとなる人物と過ごす機会を増やし、お酒を飲む時間を学びの時間へと、意識的に変えていくこともできます。

自分なりに計画を立て、毎日流されるように繰り返してきた悪い習慣を、よい習慣に変えていくことにチャレンジするのは、とても意味のあることです。

また、できる範囲内で、人に迷惑をかけずに気分よく過ごせることには、どんなものがあるのかをリストアップしてみるのもいいでしょう。

お酒を飲みに行く機会を少し減らしてジョギングをしよう、会社から帰宅したあと、配偶者や子どもともっと話をしようというように、人生を豊かにするための最適な行動とは何かがわかってくるはずです。

そうやって、できる限り本質的・長期的・客観的な視点に立って、自分自身の行動管理をしていくことが大切です。


お金を使えばさまざまな欲求を満たすことができますが、その場限りの浪費になってしまうことも多くあります。

苦しいときほど、悪い習慣に流されそうになるものです。

だから一番苦しいときにこそ、毎日の生活習慣をどう変えるかということに目を向けるのです。


よい人と交際し、よい書物を読み、ボランティアなどの社会貢献活動に参加してみるというのも、よい習慣づくりの第一歩。

自分の思考と行為にフォーカスし、毎日気分よく過ごせるように、小さな成功を積み上げ、その先に大きな達成をつくることが、一番大事です。

高い基準の「当たり前」を当たり前にできるようにする

さまざまな分野で活躍している成功者たちは、例外なくよい習慣の持ち主です。

古くから、「習慣とは第二の天性」といわれ、第二の天性とは

「身についた習慣は生まれつきの性質のように、深く身についている」

（『イミダス』集英社）

ことを意味していました。

つまり習慣とは、自分が生まれつきそうしているように、あることを当たり前のこととして行っていることだといえます。

当たり前のことを当たり前に、特別に熱心に、しかも徹底的にやり続けることが成功の秘訣だというのも、当たり前のことが、生まれつきの習慣のように深く身につき、確実に

行えるようになるからです。

当たり前のことを当たり前に行えるようになったら、今度は、その「当たり前」の基準を引き上げ、毎日最善を尽くして実践します。そうやって、従来よりも一段階上の「当たり前」を当たり前に行えるようにするのです。

トップアスリートをはじめ、さまざまな分野で一流のプロとして活躍している人物は、そうやって、高い基準の「当たり前」を当たり前に行うトレーニングを重ねています。だから彼らは、普通の人から見て非常に難易度の高いことを、当たり前に行えるようになったのです。

日本人野手初の米ＭＬＢ（メジャーリーグベースボール）プレーヤーとして活躍した元プロ野球選手のイチロー選手も、よい習慣を形成し、守り通した人物です。

イチロー選手は、出場する試合のスタート時間から逆算し、前日の起床時間や就寝時間、食事の時間といったスケジュールを決めていました。素振りのトレーニングも、愚直に習慣として毎日繰り返し、朝昼兼食のブランチもカレー、あるいは食パンとうどんなど、決まったメニューを長期間にわたって食べ続けていた話は有名です。

同じ食事を食べ続けたのは、普段と違うものを食べることによって体調を崩したり、味が口に合わず意欲が落ちることを避けるためだといいます。

イチロー選手がそこまで頑なに習慣を守り通したのは、何をおいても野球に集中するためでした。日米通算安打4367本、生涯打率3割1分1厘、MLBで10年連続200本安打以上達成などの輝かしい記録は、習慣の力のなせる業だといえるでしょう。

また、サッカーJリーグの横浜FCに所属している三浦知良《みうらかずよし》選手は、ポルトガル2部リーグのUDオリヴェイレンセに期限付きで移籍し、Jリーグ発足当時からプレイを続ける唯一の現役選手として活躍しています。

三浦選手は、夜更かしをしないことを習慣にしていました。若い頃も夜10時を過ぎると必ず帰宅し、しっかり睡眠を取っていたのです。プロのアスリートとして、プレイに悪影響を与える行動は慎むという、徹底した自己管理を続けてきた結果、57歳でもなお現役として活躍しています。

よい習慣を形成するには、朝早く起きることが早道です。

朝早く起きて、目的・目標を毎日確認するのです。

毎朝、目的を確認することで、求めるものと一日の行動を一致させます。そして、目的から逆算された目標に意識を集中させる。そうすることで、目標を達成するために最善の行動を選択しようという意欲が生まれてくるのです。朝の時間を活用し、仕事に関連する専門分野の勉強を始めてもいいでしょう。

毎朝、よいスタートを切り、一日また一日と最善を尽くす。その繰り返しの中で、よい習慣が身につき、それを当たり前のこととして行えるようになります。

問い

己に打ち克つ習慣を考える

目標を達成するうえで
効果的でない習慣はありますか。
あるとしたら、どのような習慣ですか。

目標を達成するには、どのような習慣を
身につけることが効果的ですか。

意思は弱い、願望は強い

原則12　決断し実行する

もし、あなたが

「『人生を懸けて必ず達成すると決断した目標』を、達成した日はいつですか？」

と聞かれたら、何と答えるでしょうか。

「決断」という言葉には

「①きっぱりと心を決める②よしあしを考えて物事をさばく」（『学研漢和大字典』学習研究社）

という意味があります。

漢字の語源をさかのぼると、

「決」は「水（水の流れを描いた象形文字）」と「夬《かい》（指をコ型に曲げ、物に引っかけるさま。また、コ型にえぐること」（前掲、『漢和大字典』）から成ります。

川の堤防を「コ型」にえぐり取って切り分けるように、「2つに分けてどちらか（白か黒か、是か非か）に定める（きめる、きまる）」とか「思い切りがよいさま」といった意味が生じます（加納喜光『漢字語源語義辞典』東京堂出版）。

「断」は「斤《おのづくり》（斧《おの》で物を切ろうとする様子を表す）」と、糸のたばを断ち切る様子を示す記号からなる漢字で、斧を振り下ろし、上から下にずしんと打ち据えるようにして断ち切ることを意味します。

この2つの漢字からなる「決断」という言葉は、川の堤防をえぐり取って2つに切って分けるほど、斧で断ち切るほど重いものなのです。

もし、あなたが目標を必ず達成すると「決断」しているのであれば、未達成になるという選択肢はないはずです。つまり、目標を達成した日は、

「目標を達成すると決断した日」

だといえるかもしれません。

本章では、物事を成し遂げるために不可欠な、決断し実行する力について学びます。

１００％のコミットメントで決断をする

人生は、就職や結婚をはじめ、ある意味で決断の連続です。

経営者なら、新規ビジネスなどの事業展開や経営資源の配分、人事、資金調達に至るまで、日々の業務の中で決断しなければならないことが、次から次へと生じてくるものです。

小さなものから大きなものまで、人は毎日約3万5千回もの決断を下しているといわれていますが、この決断の違いが人生に大きな違いを生み出していることは明らかです。

まず、心得ておくべきは、重要な決断は99％の決意で下すことは不可能で、１００％の決意のもとで行われなければならないということです。

「できればやります」や、「できたらいいな」と言っていることは、決断しているとはいえません。

なぜなら、決断するということは、ある意味で退路を断つことであり、他の選択肢を切り捨てるということでもあります。

たとえば、この事業を進めるべきか、それとも退くべきかについて熟考を重ね、やるかやめるかというように、二つに一つの決断をするわけです。

そして、いったん決断を下した以上は、その決断を正解にするために最善を尽くす生き方を選択し続けなければならない、ということです。

決断をしている人は、「できる、できないではなく、やる」という強い意志と覚悟をもっています。逆に、もし、決めたことに対して心の中で言い訳の気持ちが出てくるのであれば、それはまだ、決断しているとはいえないでしょう。

決断とは、決めて断つという言葉の通り、１００％の決意のもとで行われるものなのです。

理念から一貫した決断をする

決断の判断基準にあるものは、損得ではなく理念であることです。会社であれば経営理念、個人であれば人生理念から決断をすることで、原理原則にしたがった意思決定をすることができるのです。

なかでも、リーダーが行う決断には勇気が要ります。下す決断によっては、自分一人の人生だけでなく、多くのメンバーの人生が大きく影響を受けることになるからです。その意味で、この決断力こそ、広く組織を率いるリーダーにとって、欠かせない力だといえます。

リーダーが下す決断は、本当の意味で「みんなにとってよいこと」でなければいけません。そのためには、判断を下すリーダーの思考や行動の土台にある価値観や人となりがまず問われます。

メンバーからみて、リーダーは信頼できる人物で、損得や利害にとらわれず「みんなにとってよい」判断をしてくれる。

そういう信頼に足る人物が決断をしていると思えるからこそ、周りの人はトップの決断を尊重し、その決断を正解にするために、ともに最善を尽くそうと頑張ってくれるのです。

そして、私たちの未来は、毎日の決断の連続によって決まっています。

ですから、理念から一貫した決断を下すことに加え、その決断が、本質的・長期的・客観的な視点に立ったものであるかを考えることです。

逆に、下した決断は誤りだったと思ったら、すぐに退くことです。

「ヤリの名人は、
突くときよりも引くときのほうが早いと言われるように、
商売でも引き際が肝心です。

あのまま電算機事業を続けていたら、10億円儲けても、別のところで30億円ぐらい失うことになったでしょう。撤退したあと、その力をほかへ向けたところ、とたんに家電の売上が増え、日本一になった。やめてよかったと今でも思っています」

（松下幸之助・ｃｏｍ）

と、パナソニック創業者の松下幸之助氏もいっています。

ヤリを突くときよりも速く、ヤリを引く。撤退を迅速に行うことが、失敗を最小限に食い止める最良の方法です。

ただし、退く決断をするかどうかも、理念からみてどうか、本質的・長期的・客観的な視点からみてどうかを考えることです。

つまり、大切なことは、今、自分がしていることが理念から一貫しているのだろうかと自らに常に問うことです。

決断し実行する

決断と実行はワンセットです。

決めたのだからやる。決めたのにやらないようであっては、決断した意味がありません。

だから、決断と実行です。


昔から、大きな業績を成し遂げた指導者は、みな決断と実行の人でした。

リーダーの力量は先に述べた決断力とともに、実行力に大きく表れます。

どんな素晴らしい考えをもち、よいことをいっても、よい決断をしても、そこに実行がともなない成果によって完結しなければ、リーダーは評価されません。

リーダーに問われるのは結果責任です。


大事なことは、難しく考えすぎないことです。

これまで本書で述べてきたように、理念を土台として生まれる目的・目標を成し遂げるため、コントロールできること、「2割の優先事項」にフォーカスし日々実践していくこと。誰にも負けない努力をもって、毎日やり切ることです。

逆に、何が実行の障害になっているのかというと、それは、いい訳です。いい訳とは、本当はできるのに、できないことを証明するためにつくり出されたストーリー。あるいは、本当にできるかどうかはさておき、自分はできないと信じている、単なる解釈です。

いくらよいことを決断しても、行動のないところには、結果も成果も生まれません。仮に、実行してみて思ったような成果が出なくても、「なぜうまくいかなかったのか」、「どうすれば結果が出せるのか」を考え抜くことで、知恵と工夫が生まれ、その結果、大きく成長します。

まだやってもいないことに対して「できないことを証明」するためのいい訳は、すべて捨て去り、決断と実行に生きることです。

問い

決断し実行する

あなたがいま、決断していることは何ですか。

決断したことを正解にするために、
何を実行しますか。

今日の意思決定が将来の道を開く

原則13　志を磨く

世の中には、自ら描いたビジョンの実現に向けて、常に高い目標を設定しながらも、数々の協力者の力を得て目標を達成し、結果を出し続け、右肩上がりに成長を遂げていく人がいます。

その一方で、一度や二度は大きな目標を達成し、富や名声を得るものの、なぜか長続きしない人もいます。

目標を達成し続け、成長し、発展・繁栄を継続することができる人と、できない人の違いはどこにあるのでしょうか。

それは、「志」です。

南宋の儒学者・朱子《しゅし》は、「心の之《ゆ》く所、之《こ》れを志と謂《い》ふ」と述べています。

「之く」とは

「(目標をめざして) まっすぐ進む」

(加納喜光『漢字語源語義辞典』東京堂出版)

ことを意味します。

たとえていうと、「何が何でもこれを実現したい」という、燃えるような強い願望の成就に向けて、まっすぐに進んでいくことが、志なのです。

その意味で、ときには困難や逆境に遭い、葛藤に悩む私たちが進むべき道を示し続けてくれる羅針盤が、志であるともいえます。

変化が激しく、先行きが不透明で将来予測が困難だといわれる今だからこそ、しっかりした志をもつ必要があるのです。

「志ある者は事ついに成る」（『後漢書《ごかんじょ》』）

つまり、「しっかりした志があれば、どんなことでも最後には成し遂げられる」という言葉もあります。

本書で得た学びを活かし、納得のいく人生を送ることができるかどうかは、最終的にどのような志をもつかで決まります。

最終章では、「志を磨く」ことの大切さについて学びます。

成長と貢献のその先に、真の成功がある

最終章では、志の大切さについて考えていきます。

志をどう磨き、社会にどう還元していくのかということです。

成功者とは例外なく、自身の存在価値や存在理由が自他ともに認められている人たちです。


まず、誰のために、何のために、なぜ成功しなければならないのか。そして、どれだけ多くの人々の、人生の質の向上に貢献できるのかということを、しっかり理解しています。

つまり、自分はこれを実現するために、この人たちのために、こんな存在でありたいからこそ、何がなんでも成功したい。そして、自分が手がけることをとおして、人々の人生の質の向上に貢献したい、という両面が揃って初めて、志といえるのです。

自分自身の物心両面の豊かな人生を追求しているだけでは、志とはいえません。

将来こんなライフスタイルを実現したい、自分はこんな人間になりたい、こんな人生を

成功者の二大特徴

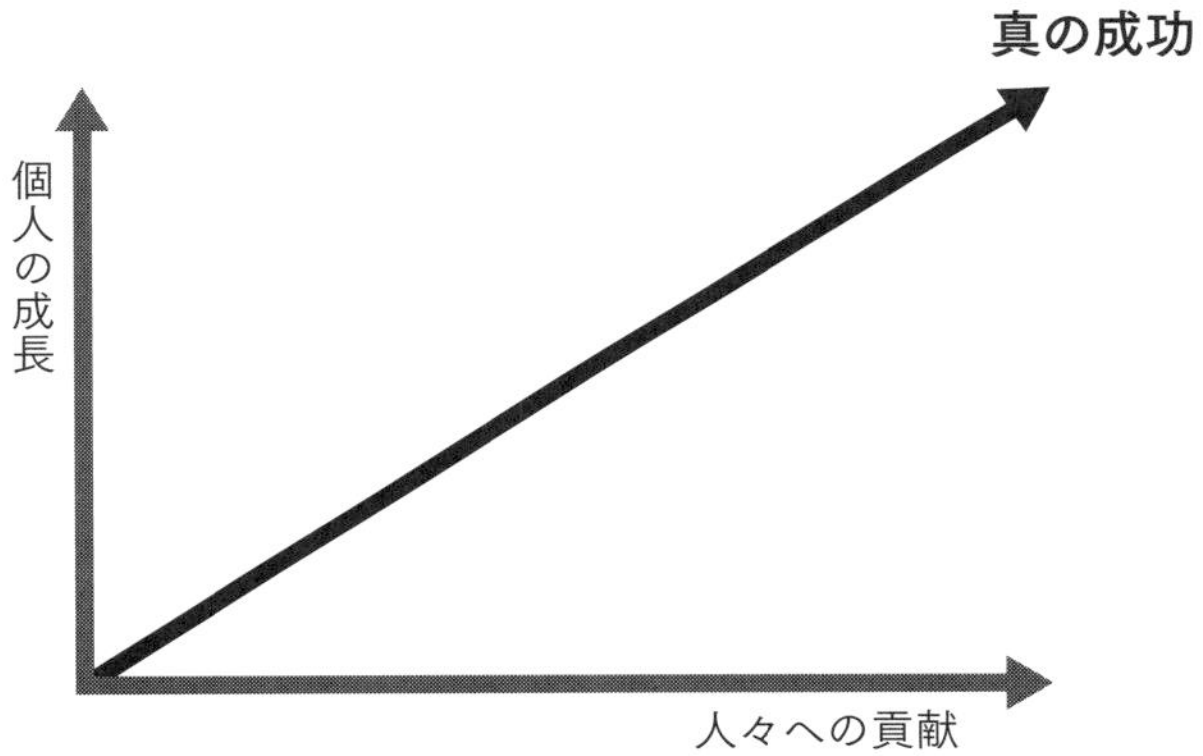

生きていきたい、というのは個人の夢の領域の話です。

自分の存在が周囲の人にとってなくてはならないものになっていて、なおかつ、自分自身もそのような生き方を目指して切磋琢磨している。それが志ある人のあり方です。

グラフの縦軸に成長を取り、横軸に貢献を取ったとき、右斜め上45度の方向に真の繁栄や成功があります。

グラフの縦軸が自己愛で、横軸は隣人愛、そして右斜め上45度の方向に発展があるといってもいいでしょう。

では、志はいったいどう磨かれて

いくのでしょうか。

ふたたび、当社の創業者、青木仁志のエピソードに学んでいくことにします。

青木も、最初から高い志を抱いていたわけではありません。若い頃は目標に生き、その実現に全力を傾けていました。

「トップセールスマンになりたい」
「お金持ちになりたい」

といった、個人の願望を叶えようとするモチベーションです。

青木はまず、徹底的に自分を高めました。自らに投資し、時間やお金をはじめ、あらゆる資源やエネルギーを投入して学び、トップセールスマンの思考と行動を研究し、願望の実現に全力を傾けました。

青木がそこで追求したのは、成果報酬で得られるマネーと、トップセールスマンをはじめとする成績優秀者に贈られるメダル。そしてまもなく、青木はトップセールスマンのメダルと高額な報酬を手にします。

社会に貢献したい、自分のもてる力を社会に還元したいという思いはとても立派です。でも自分が社会に貢献し、還元できるようになるには、現実問題として、自分自身を高め、専門分野で抜きん出た力を身につける段階を踏まなければなりません。

そうやってトップセールスマンとして頂点に上り詰めたとき、青木はこれまでの生き方に疑問をもちはじめます。

トップセールスマンのメダルと高額な報酬を手にしても、幸せになれなかったからです。

生い立ちからくる劣等感をバネにして、青木は歩合制セールスの世界でトップに上り詰めました。いわば、負のエネルギーからくるパワーを使って願望を実現させたのです。

ところが、求めるものを手にしたはずなのに、なぜ幸せになれないのか。

そう思い悩む青木は、自身が恩師と慕う夏目志郎先生に出会います。夏目先生は、業界でも伝説的なセールスマンとして知られる人物で、独立後、能力開発コンサルタントとして活躍していました。

職業人としての存在理由と、人生の目的を一致させる

青木は、夏目先生から人生の目的は何かということを教わりました。

人生の目的とは、人を踏み台にして勝つことでもなく、単なるお金持ちになることでもない。本当に大切なことは、縁ある人を幸せにできる、愛を土台にした真の成功者になることだ。

自身がきちんと自己管理を行い、家族を守り、経営者なら社員を守り、その先にいるお客様や取引先、ステークホルダーを大切にする。そしてさらに、地域や社会、国家、世界の人々へと貢献の輪を広げていく。

この「インサイドアウト」の生き方こそが、真の成功者の人生なのだと。

「青木君、豊かな人生よりは
豊かな人間になることを求めなさい。

なぜなら、豊かな人間こそが
豊かな人生を築き上げることができるからだ」

この夏目先生の言葉が青木を大きく変えました。
そして青木は「黄金律」に出会います。

「何事でも人々からして欲しいと望む通りのことを
他の人々にもその通りにせよ」

このときから、求める愛から与える愛へと、パラダイムシフトが起きたのです。青木の燃えるような強い願望は、個人の願望の達成から、事業をとおして社会に貢献していきたいという志に変わりました。

そして青木は、「上質の追求」という企業理念を定め、アチーブメント株式会社を設立したのです。

この企業理念を経営の土台に定めてから、迷いがなくなったといいます。

青木の職業人としての存在理由と、自身の人生の目的が、この理念の具現化という点で完全に一致したからです。

ここからわかることは、日々葛藤の中で模索を続けながら、人生の目的を明確にし、個人の願望を志に変えていくことが、いかに大切かということです。

志が固まったら、それをしっかり文章化して誰にでもわかるようにする。そして、もし経営者なら、その志にしたがい、ともに歩んでくれる社員とその家族、お客様や取引先、地域社会にとってなくてはならない経営をすると、心に決めるのです。

経営者以外の人も同じです。

セールスパーソンであろうと、店舗のスタッフであろうと、それぞれの仕事をとおして社会に貢献しているのです。

自分の職業人としての存在理由や個人のビジョンを社会貢献に置き、自らの志とする。

お客様をはじめとする、縁ある人を幸せにすることにパワーを集約させながら、日々その志を磨き上げていくことで、社会に還元する人生を送ることができるようになります。

リーダーのぶれない姿勢が求心力となる

最後に、志を果たすうえで欠かせないリーダーとして生きる心構えについて考えていきます。

まず、リーダーシップとは、組織の指導者として、メンバーを正解に導く力です。その正解とは、原理原則に基づいた、みんなにとってよい状態。わかりやすくいえば、それは、メンバーの物心両面の豊かな人生です。

したがって組織のリーダーには、組織のメンバーを、物心両面の豊かな人生の実現に導ける指導者であるかどうかが問われることになります。

青木がアチーブメント株式会社を設立したとき、指針としたのが、当時の教育基本法第一条に記されていた「教育の目的」でした。

「第一条（教育の目的）教育は、人格の完成をめざし、

平和的な国家及び社会の形成者として、真理と正義を愛し、
個人の価値をたつとび、勤労と責任を重んじ、
自主的精神に充ちた心身ともに健康な国民の育成を期して行われなければならない」

能力開発を事業として手がけていくにあたり、自社の社員はもちろん、能力開発関連のさまざまなサービスを利用するお客様にとって、よき指導者であることが求められます。そこで青木は、事業の土台を固めるために、国の教育基本法の精神に学ぼうと考えたのです。

これが、青木が志すリーダー、指導者の理想像であり、まず自分がそのような存在になることが第一歩です。

青木が具体的に目指したのは、「愛を土台とした多くの人の力になれる真の指導者」です。

「指導者は、まず自分自身の人生経営に成功していなければなりません。
そのうえで、自分自身が幸せであることはもちろん、
家族をはじめ、縁ある人を幸せに導いていける存在になる必要があります」

青木は今も、経営者を対象とする「アチーブメントテクノロジーコース特別講座」で、そのようなメッセージを発信し続けています。

人生の目的が自己中心的なものだとしたら、そのレベルのリーダーでしかありません。でも職業をとおして、人々の人生の質の向上に貢献したいと強く思っているなら、その考え方に共感する人たちがたくさん集まってきます。

リーダーにとって大切なことは、強い求心力をもっていること。そして、その求心力の源泉になるものが理念です。

理念とは、ある物事が本来こうあるべきであるという、根本となる考え方です。よい指導者とは、根本となる考え方がぶれていない人であり、その言動をとおして周囲の人々に理念をしっかり伝えられる人です。

だから、その理念に共感する人たちが、周囲にたくさん集まってくるわけです。

根本となる考え方にぶれがなく、一点の曇りも迷いもない姿勢から生じる求心力こそが、リーダーシップの本質です。

リーダーの求心力に惹かれ、理念に共感するメンバーで固められた組織ほど強い集団はないといえます。

人生は、求めるもので決まります。

同様に、リーダーとして何を求め、現実の世界で何をつくり出そうとしているのかによって、リーダーの力量や求心力も決まるのです。

だからリーダーは、本当に求めているものは何か、そして自分自身の存在理由とは何かを見直すことが大事です。

商品やサービスをはじめ、みんなにとってよいもの、人々の人生の質の向上に貢献できるものをつくり上げることで、組織のメンバーを正解に導いていくリーダーが、今、社会に必要とされているのです。

問い

志を磨く

あなたの志は何ですか。

志を磨くために、さらに何に取り組みますか。

成功は自分から始まり、
他の人々への
具体的な貢献で完成する

監修者あとがき

いま、求められる社会のリーダー

私が本書をとおして皆さんにお伝えしたいことは、
人が心から信じ、思い描き続けていることは、必ず成就する。
そして、すべての人は価値のある存在であり、人はいつからでも、どこからでもよくなれる、ということです。

しかし、残念ながら現代社会には課題が山積みです。

2023年に米国のギャラップ社が発表した「グローバル就業環境調査」では「仕事にやりがいを感じ、熱意をもって生き生きと働いている」人の割合はわずか5%。

日本は145か国中最下位を記録。

若者の死因は長年自殺が1位であり、世界保健機関のデータによるとG7各国の自殺死亡率は日本がもっとも高いといいます（厚生労働省 令和5年版自殺対策白書）。

また職場におけるパワーハラスメント、目を疑うような虐待・DVの被害の悲惨さを報じるニュースは枚挙にいとまがありません。


選択理論を提唱したウイリアム・グラッサー博士は、人の問題行動は、不満足な人間関係に起因する不幸感がもたらすと仰いました。

その不満足な人間関係のもとは、批判する、責める、文句をいう、ガミガミいう、脅す、罰を与える、目先の褒美で釣るといった態度に代表されるような外的コントロールという間違った心理学にあります。


家庭、学校、企業、地域コミュニティー。

人は生きている限り、何かしらの組織に所属しています。

親が、上司が、経営者が、地域のリーダーが、良好な人間関係と目標達成を両立する技術をもっていたとしたら、その組織に所属する人はよりよい人生を選択できる確率が上がると思いませんか。

私は、この社会課題を解決する鍵は、選択理論を土台に、縁ある人を物心共に豊かな人生に導くことができるリーダーの輩出にあると考えています。

リーダーを輩出し、一般財団法人日本プロスピーカー協会のプロスピーカーと講演活動をとおして豊かで明るい社会の実現を目指す

一方、中国のことわざに「魚を与えるのではなく、魚の釣り方を教えなさい」という教えがあります。

同様に、本当の意味で縁ある人々を物心共に豊かにする、社会の真のリーダーには、目的目標達成型の人材を育成できる指導力が求められます。

そこで、冒頭でもご紹介した一般財団法人日本プロスピーカー協会です。

当財団は、リーダーを輩出し、講演活動をとおして、いじめ・差別・虐待の無い、豊かで明るい社会の実現を目指しています。

１９９６年の設立以降、業界トップの実績を出すことはもちろん、自らの経験をもとに選択理論に基づき講演・教育活動を行うことができるプロスピーカーを育成・認定して参りました。

認定されたプロスピーカーは６００名を超え、

●全国70か所以上で、達成の技術を学ぶ場、支部会・部会を毎月開催
●社員教育を徹底的に行い、高業績と良好な人間関係を両立する経営
●世界の第一線で、プロスポーツのコーチとしてチームを指導
●市と共同で、子どもが自信をもち、夢を描く支援をする授業を実施

など、活動の輪は年々広がっています。

このように、各業界で活躍する社会の真のリーダーを輩出し、日本の津々浦々《つつうらうら》で目標達成の技術を伝える活動をした先に、社会は必ずよくなると確信しています。

成功は自分から始まり
他の人々への具体的な貢献で完成する

ぜひ本書をお読みいただいた皆さんには、原則2に記した「能力開発の5段階」、「知る」、「わかる」、「行う」、「できる」、「分かち合う」という5つのステップを踏みながら、人生を戦略的に生きていただきたいと思います。

そして自分が理解し、できるようになったことを分かち合い、縁ある人やパワーパートナーを成功に導くところまで学びを深め、社会のリーダーとなってください。

成功とは、自分自身に始まり、他の人々への具体的な貢献で完成します。
そして、一人ひとりが成功者としての人生を全うできれば、社会が豊かになっていくことは間違いありません。

アメリカの学問の父と呼ばれる辞書学者・教育者のノア・ウェブスター氏は、「成功とは、探し求めた目標の満足いく達成である」という名言を残しました。

真の成功に向かって進むことは、私たちが利己から利他へ、自分という人間をどこまで高めることができるのかに挑戦し続ける、終わりのない旅です。
皆さんの物心両面の豊かな人生が実現することを心から願い、応援の言葉とさせていただきます。

青木仁志

おわりに

最後までお読みいただき、ありがとうございました。

本書でお伝えしてきたように、目標達成には原則があり、その原則を身につけることで、私たちの人生は、自らの手で切り拓くことができます。

そのための鍵は、「学び続けること」にあります。

学び続けることが、私たちの人生に大きなプラスの効果をもたらすことを示唆する調査は数多くあります。

たとえば通信教育大手のユーキャンは「２０２２年学びのトレンド調査」（＊1）の結果を、２０２２年12月に発表しています。

技術革新やビジネスモデルの変革に対応するため、新たな知識やスキルを身につけるためのリスキリング、あるいは学び直しをしている人は、していない人にくらべて、国際的な指標にもとづく人生満足度が4・9ポイント（約27・8%）も高いというのです。

また、若年社会人（＊2）を対象とした調査で、「幸せな活躍」（働く幸せを実感し、かつ仕事で実際に高いパフォーマンスを上げている状態）をしている層では、「学びや学習に前向きに取り組んでいる」人が57・1%と、全体平均にくらべて1・8倍多いという結果が出ています。

さらに冒頭でもご紹介した、筑波大学アスレチックデパートメント様の協力を得て2023年に実施した調査（＊3）では、「実際の成果や結果をつくることができた」と回答した人の割合は、初受講から3年以上継続して受講した方の80%で、受講後3年未満の方に比べ19%上回っています。

昔から「継続は力なり」といいますが、「学びを継続」した方ほど、自分自身が望む成果や結果を手にすることができるという結果が得られました。

私たちもまた、学び続けることで、人はよりよい人生を生きることができると考えています。

2024年5月、当社はナポレオン・ヒル財団との日本における独占パートナー契約を締結いたしました。ナポレオン・ヒル博士が1937年に発刊した著書『Think And Grow Rich』は、全世界で累計1億部以上販売され、「思考は現実化する」というメッセージは、当社代表の青木をはじめ、多くの人たちの人生を変えてきました。

南アフリカの黒人解放運動で指導的な役割を果たし、1993年にノーベル平和賞を受賞した翌年、大統領に就任したネルソン・マンデラ氏は、

「教育とは、世界を変えるために用いることができる、

もっとも強力な武器である」
(Education is the most powerful weapon which you can use to change the world)

と述べました。

これからもアチーブメントグループは、教育をとおして、より多くの方が納得のいく人生を送ることができるよう、支援してまいります。

＊1 対象は20～60代の男女402名
＊2 対象は有期雇用を除く25～35歳、全国の大卒・院卒の就労者2000名。パーソル総合研究所・ベネッセ教育総合研究所・中原淳「若年就業者のウェルビーイングと学びに関する定量調査」より
＊3 対象は2022年10月までに『頂点への道』講座アチーブメントテクノロジーコースまたはスタンダードコースを受講済みの会員1625名

●青木仁志『社員の働きがいが生きがいに変わる 志経営』
アチーブメント出版

●『デジタル大辞泉』小学館

●楠山春樹『新釈漢文大系 淮南子（下）』明治書院

●アンドリュー・カーネギー著　坂西志保訳『カーネギー自伝 新版』
中央公論新社（電子書籍版）

●青木仁志『目標達成の技術』アチーブメント出版

●岡谷繁実『名将言行録』東京・牧野書房（明治28-29年、巻之
二十八）

●ブロニー・ウェア『死ぬ瞬間の5つの後悔』新潮社

●Bronnie Ware “Top Five Regrets of the Dying: A Life Transformed
by the Dearly Departing” Hay House LLC

●日本ビジネス選択理論能力検定協会『ビジネス選択理論能力検定2級・
準1級公式テキスト』アチーブメント出版

●『日本国語大辞典』小学館

●WILLIAM SAMUELSON, RICHARD ZECKHAUSER “Status Quo
Bias in Decision Makin” Journal of Risk and Uncertainty, Vol. 1,
No.1, March 1988

●情報文化研究所著　高橋昌一郎監修『情報を正しく選択するための
認知バイアス事典』フォレスト出版

●『学研漢和大字典』学研プラス

●加納喜光『漢字語源語義辞典』東京堂出版

●ユーキャン「2022年学びのトレンド調査」
https://www.u-can.co.jp/company/news/1217376_3482.html

●パーソル総合研究所・ベネッセ教育総合研究所・中原淳
「若年就業者のウェルビーイングと学びに関する定量調査」
https://rc.persol-group.co.jp/thinktank/assets/hatachikara.pdf

●筑波大学アスレチックデパートメント パートナーシッププロジェクト
『頂点への道』講座 効果検証2023
https://achievement.co.jp/project/tsukubaad-research/

参考文献

●『頂点への道』講座 アチーブメントテクノロジーコース テキスト

●アチーブメントテクノロジー マスタープログラム テキスト

●青木仁志『経営者は人生理念づくりからはじめなさい』
アチーブメント出版

●ナポレオン・ヒル著　ロス・コーンウェル編　宮本喜一訳
青木仁志解題『新・完訳　成功哲学』アチーブメント出版

●『日本大百科全書』小学館

●ビル・スコロン著　岡田好恵訳『ウォルト・ディズニー伝記 ミッキーマウス、ディズニーランドを創った男』講談社青い鳥文庫（Kindle版）

●“The Pop-up OXFORD Dictionary OF ENGLISH” OXFORD UNIVERSITY PRESS（CD-ROM版）

●『LONGMAN DICTIONARY OF CONTEMPORARY ENGLISH
ロングマン現代英英辞典［5訂版］』桐原書店

●佐藤英郎『“人材育成の超プロ”が書いた気づく人気づかぬ人』
アチーブメント出版

●松下幸之助『実践経営哲学』PHP研究所

●マルコム・グラッドウェル著　勝間和代訳『天才！ 成功する人々の法則』
講談社

●Malcolm Gladwell “Outliers: The Story of Success” Penguin Books UK（Kindle版）

●ＰＦドラッカー著、上田惇生訳『ドラッカー名著集4 非営利組織の経営』
ダイヤモンド社（Kindle版）

●本田宗一郎『やりたいことをやれ』PHP研究所

●ハイディ・グラント・ハルバーソン著　児島修訳『やってのける』
大和書房（Kindle版）

●木村和範「所得分布とパレート指数」（北海学園大学『開発論集』
第75号、2005年3月）

監修者
青木仁志（あおき・さとし）

北海道函館市生まれ。若くしてプロセールスの世界で腕を磨き、トップセールス、トップマネジャーとして数々の賞を受賞。その後に能力開発トレーニング会社を経て、1987年、32歳で選択理論心理学を基礎理論としたアチーブメント株式会社を設立。会社設立以来、延べ49万917名の人財育成と、7000名を超える中小企業経営者教育に従事している。

自ら講師を務めた公開講座『頂点への道』講座スタンダードコースは28年間で毎月連続700回開催達成。現在は、経営者向け『頂点への道』講座アチーブメントテクノロジーコース特別講座を担当する。

同社は、Great Place To Work® Institute Japanが主催する「働きがいのある会社」ランキングにて9年連続ベストカンパニーに選出（2016-2024年版、従業員100-999人部門）され、また、日本経済新聞による『就職希望企業ランキング』では、社員数300名以下の中小企業にて最高位（2014年卒対象 就職希望企業ランキング第93位）を獲得。2019年4月からは一般社団法人 日本経済団体連合会に加入。2022年11月より東京商工会議所議員企業として選出され、2023年1月より東京商工会議所における教育・人材育成委員会の副委員長、中小企業委員会の委員、イノベーション・スタートアップ委員会の委員を務める。

現在では、グループ3社となるアチーブメントグループ最高経営責任者・CEOとして経営を担うとともに、一般財団法人・社団法人など4つの関連団体を運営している。

2010年から3年間、法政大学大学院政策創造研究科客員教授として教鞭を執り、「日本でいちばん大切にしたい会社大賞」の審査委員を7年間歴任、2023年10月よりSBC東京医療大学（旧了徳寺大学）の評議員に加え、教養部の客員教授に、またハリウッド大学院大学ビューティービジネス研究科 客員教授に就任。同年12月より事業創造大学院大学 客員教授としても活動。

2022年、教育改革による日本再建を目指し、超党派の国会議員でつくられた「教育立国推進協議会」に民間有識者として参画、会長代行として活動している。

著書は、40万部のベストセラーとなった「一生折れない自信のつくり方」シリーズ、松下政経塾でも推薦図書となった『松下幸之助に学んだ「人が育つ会社」のつくり方』(PHP研究所)、『志の力』『経営者は人生理念づくりからはじめなさい』『心のふたを開ける』など累計67冊。 解題は、ナポレオン・ヒルの『新・完訳 成功哲学』をはじめ、計5冊。一般社団法人日本ペンクラブ正会員・国際ペンクラブ会員としても活動。

選択理論 関連書籍

ビジネスの現場で、選択理論を活かし
成果につなげたい方へ

ビジネス選択理論能力検定
3級公式テキスト

一般財団法人 日本ビジネス選択理論能力検定協会（著）
定価（税込）1,980円

マネジメントの現場で、選択理論を活かし
人間関係とパフォーマンスを両立されたい方へ

ビジネス選択理論能力検定
2級・準1級公式テキスト

一般財団法人 日本ビジネス選択理論能力検定協会（著）
定価（税込）2,640円

選択理論を徹底的に学ばれたい方へ

グラッサー博士の選択理論
幸せな人間関係を築くために

ウイリアム・グラッサー（著）　柿谷正期（訳）
定価（税込）4,180円

リーダーを輩出し、講演活動をとおして豊かで明るい社会の実現を目指す

一般財団法人日本プロスピーカー協会

Japan Professional Speaker Association

一般財団法人日本プロスピーカー協会（JPSA）とは、目標達成と良好な人間関係を両立し、縁ある人を物心両面の豊かな人生に導く技術をもつ、社会の真のリーダーを輩出し、講演活動をとおして豊かで明るい社会の実現を目指す一般財団法人です。

私たちが目指すリーダーとは、

- 自らが業界トップの実績を出す、目標達成力
- 縁ある人と良好な人間関係を築く力
- 豊かで明るい社会を実現するという高い志
- 目的目標達成型の人材を育成できる指導力

をもつ指導者であり、中でも当法人が認定する社会貢献を目的に、講演活動を行うリーダーをプロスピーカーと呼んでいます。

当団体は、プロスピーカーの育成及び会員相互の研鑽の機会を提供しています。実績に裏打ちされた「実践事例」を学び合い、地域のリーダー輩出を目指すコミュニティーである支部会が全国で開催されています。また、業界ならではの「実践事例」を学ぶ部会も活動しています。

詳しくは、webサイトをご覧ください。
https://www.jpsa.net/

設　立：1996年

事業内容：1. 研究会、研修会、講演会事業
2. プロスピーカー認定事業
3. 年次大会の企画・運営
4. プロスピーカー派遣事業
5. 会報、出版物及び教材の発行
6. その他、当法人の目的を達成するために必要な事業

アチーブメント

[X（旧twitter）] @achievement33
[Instagram] achievement_message
[facebook] https://www.facebook.com/achievementcorp/

目標達成 13の原則
Achievement Technology

2024年（令和6年）6月24日　第1刷発行
2024年（令和6年）9月30日　第2刷発行

監　修　青木仁志
編　者　アチーブメント株式会社

発行者　青木仁志

発行所　アチーブメント株式会社
〒135-0063 東京都江東区有明3-7-18 有明セントラルタワー19F
TEL 03-6858-0311（代）／ FAX 03-6858-3781
https://achievement.co.jp

発売所　アチーブメント出版株式会社
〒141-0031 東京都品川区西五反田2-19-2 荒久ビル4F
TEL 03-5719-5503／ FAX 03-5719-5513
https://www.achibook.co.jp

装　丁　轡田昭彦+坪井朋子
本文デザイン　亀井文（北路社）
編集協力　加賀谷貢樹
校　正　宮崎守正
印刷・製本　株式会社光邦
ダイニック・ジュノ株式会社

ISBN978-4-86643-154-3